発達障害児を救う体育指導

激変!感覚統合スキル95

根本正雄【編】
小野隆行【指導】

まえがき

　新学習指導要領では、「学校教育を通じて子どもたちが身につけるべき資質・能力や学ぶべき内容」について明示している。これまでの改訂の中心であった「何を学ぶか」という指導内容の見直しにとどまらず、「どのように学ぶか」「何ができるようになるか」までを見据えた学習指導要領を提示している。

　特別支援教育との関連では、インクルーシブ教育について、「通常の学級、通級による指導、特別支援学級、特別支援学校において共有することで、子どもの障害の状態や発達の段階に応じた組織的、継続的な支援が可能となり、一人一人の子どもに応じた指導をしていくこと」が大切だと述べている。

　本書では、そのような学習指導要領の改訂に対して、特別支援教育の体育指導のスキルをどのように改善していけばよいのかの実践をまとめている。改善の方向として、次のように考えている。

1　「ユニバーサルデザイン授業」を目指した体育指導

　このような状況の中、「発達障害等のある子どもを含めて、どの子にもわかる授業づくり」をどうしていけばよいのかという問題がある。その1つの方法として「ユニバーサルデザイン授業」がある。

　これは、授業づくりに特別支援教育の視点を加味し、発達障害等のある子どもが学びやすいように授業を改善する。それが結果的にすべての子どもたちにわかりやすい授業になるという考え方である。発達障害等の有無にかかわらず、すべての子どもが、楽しく「わかる・できる」を目指して工夫する授業のデザイン化である。

　本書では、「ユニバーサルデザイン授業」の考え方や手法を取り入れた体育指導がまとめられている。そして、「すべての子どもがわかる・できる」体育授業づくりを行い、すべての子どもに運動の楽しさを体験させていく実践例が紹介されている。

　＜参考文献＞京都府総合教育センター「ユニバーサルデザイン授業～発達障害等のある子どもを含めて、どの子にもわかりやすい授業～」

2　特別支援教育と体育の融合で効果的なアプローチを考える

　特別支援教育と体育の融合をはかるために、感覚統合スキルによる個別指導を行う。具体的には、次のように考える。

(1)　姿勢・動作・運動のつまずきの背景にある「初期感覚」を育てる

　運動の苦手な子どもに共通しているのは、初期感覚のつまずきである。触覚、固有感覚、前庭感覚などの初期感覚を統合していく中で、つまずきは解消される。

　①触覚　他者との接触、道具の操作、気配を察して行動することなどの元となる感覚
　②固有感覚　筋肉の張り具合や関節の角度を調整し、動きや加減の調整をする感覚
　③前庭感覚（平衡感覚）　バランスの保持、姿勢の傾き、回転や胴の加速度などを感じる感覚

(2) 運動の「基礎感覚」を育てる

　運動の基礎感覚を次のように考える。これらの基礎感覚は、初期感覚とダブルところもある。
　①体幹の締め感覚　体幹や四肢に力を入れる感覚
　②逆さ感覚　逆さになる感覚
　③振動・回転感覚　体を振ったり、回ったりする感覚
　④腕支持感覚　肩や腕で体重を支える感覚
　⑤平衡感覚　体のバランスをとる感覚
　⑥高さ感覚　高い所で動く感覚

(3) 誰もが参加できる体育ユニバーサルデザイン化をする

　誰もが参加できる体育にするために、「焦点化」「視覚化」「共有化」の視点を生かした、授業のユニバーサルデザイン化を行う。

　教師は単元レベルでは子どもに身につけさせたい力を焦点化し、ルールの工夫を行い教材化していく。学習の流れやイメージしにくい場面を視覚化し、コツや作戦の工夫を共有化する話し合いの場面を設定する。

　授業の見通しをもつことで、活動の道筋ができ、情報や活動が整理されシンプルなつくりにして、子ども自身で考え、行うことができるようになる

　教師が教材研究をし、それを子どもが存分に味わうために、誰もが参加できる条件や環境を整えていく授業のユニバーサルデザイン化が有効になる。

　＜参考文献＞阿部利彦監修『気になる子の体育』（学研）

3　体育授業のユニバーサルデザイン化

(1) 誰でも参加できる習熟過程
　①初期感覚づくり　触覚　固有感覚　前庭感覚（平衡感覚）
　②基礎感覚づくり　逆さ感覚　腕支持感覚　回転感覚　平衡感覚
　③運動づくり　　　領域ごとの教材

(2) 誰でもできるようになる指導法
　①焦点化　子どもに身につけさせたい力→テクニカルポイント
　②視覚化　学習の流れやイメージしにくい場面を視覚化→場づくり・教具、教具の工夫
　③共有化　話し合いの場面を設定し、コツや作戦・ルールの工夫を共有化→発問

　以上の考えに基づき、具体的な特別支援の必要な子どもの体育指導について、本書はまとめられている。本書を活用し、どの子どもも運動の楽しさを体験できるようにしてほしい。

平成29年10月20日

根本　正雄

もくじ

まえがき ……… 2

1章 特別支援が必要な子の「感覚」を知る

小野隆行

1 感覚統合の考え方を学ぶ ……………………………… 8
2 低学年体育の重要さ …………………………………… 9
3 特別支援学級の子の困り感を取り除く ……………… 10
　(1) 外に出られない子が室内でできる運動 …………… 10
　(2) 感覚を育てる簡単な運動 …………………………… 12
　(3) 仲間と一緒にできる運動 …………………………… 12

2章 特別支援が必要な子に配慮した教師のマネジメント

1 授業開始、スムーズに始めるポイント ……………… 14
2 集合の仕方を教える …………………………………… 15
3 着替え・準備が遅い—腰かけたままのルール ……… 16
4 体育館のルール—楽しく守るイラスト表示を ……… 17
5 指示→活動→評価とリズムよく指示を出す ………… 18
6 準備運動をしていないときにやっておくこと ……… 19
7 終わったらどうするかを示す ………………………… 20
8 ボディーイメージをもたせる方法 …………………… 21
9 満足するまで活動させる ……………………………… 22
10 活動に自由度を入れる ………………………………… 23
11 変化をつけると熱中する ……………………………… 24
12 シンプルな場づくりをする …………………………… 25
13 習熟していく単元づくりをする ……………………… 26
14 不安をなくす場・支援をする ………………………… 27

3章 特別支援が必要な子を学級集団に巻き込む授業設計

1 運動量が少ないときどうするか ……………………… 28
2 柔軟な単元構成をどうするか ………………………… 29
3 はじめからムダな活動など削る ……………………… 30
4 持久走と長距離走の違いは何か ……………………… 31
5 有効なグループ学習のつくり方 ……………………… 32
6 ペア学習をどうするか ………………………………… 33
7 授業に参加できない子のSOSをどうするか ………… 34

	8	協調運動が苦手でも活動量を保証する運動遊び……………… 35
	9	教師の世界によくある、おかしな発言をどうするか………… 36
	10	やりすぎに注意、運動会の練習をどうするか………………… 37

4章 「体つくり運動」苦手徴候と克服する指導ポイント

	1	【ヨーガ】姿勢が崩れてしまう—ヨーガを入れよう……………38
	2	【逆立ち】逆立ちになれない—恐怖心を除くステップ指導…… 40
	3	【うさぎ跳び】初期感覚を育てる運動遊び ………………… 42
	4	【鬼ごっこ】鬼遊びができない ……………………………… 44
	5	【ブリッジ】「わらべうた」でブリッジができる ………………… 46
	6	【ケンパー遊び】音韻意識を育てるケンパーの運動遊び ……… 48

5章 「マット運動」苦手徴候と克服する指導ポイント

	1	【マット運動】腕で体が支えられない ………………………… 50
	2	【後ろ回り】恐怖心が強く、後ろ回りができない ……………… 52
	3	【開脚前転】ひざが曲がり、脚の開いた前転ができない ……… 54
	4	【側方倒立回転】側方倒立回転の順序がわからない ………… 56
	5	【側方倒立回転】腰の伸びた側方倒立回転ができない ……… 58

6章 「鉄棒運動」苦手徴候と克服する指導ポイント

	1	【鉄棒遊び（つばめ）】握る力がないので、つばめができない ……………………………………………………………… 60
	2	【鉄棒遊び】苦手な子には、遊びやシステムを通して克服させよ ……………………………………………………………… 62
	3	【足抜き回り】足抜き回りができない子への指導ステップ …… 64
	4	【こうもり振り】鉄棒に両足をかけ、こうもり振りができない ……………………………………………………………… 66
	5	【逆上がり】鉄棒から腰が離れてしまう ……………………… 68
	6	【逆上がり】蹴り足がほとんど上がらない‼ …………………… 70
	7	【足かけ上がり】ひざを鉄棒にかけられない ………………… 72

7章 「跳び箱運動」苦手徴候と克服する指導ポイント

	1	【ケンパー跳び】基礎感覚・踏み切りができない ……………… 74
	2	【跳び箱遊び】高い跳び箱に上がれない …………………… 76
	3	【跳び箱遊び】両腕で跳び箱を支持しての馬乗りができない … 78

4 【跳び箱遊び】着地が下手は「せーの！　ピタ！」の合い言葉
　　　で …………………………………………………………………………… 80
　　5 【跳び箱遊び】踏み切りが片足になり、両足踏み切りができな
　　　い ……………………………………………………………………………… 82
　　6 【開脚跳び】跳べない５％の子への対応 ……………………………… 84
　　7 【台上前転】スモールステップで台上前転の習得へつなげる … 86

8章　「陸上運動」苦手徴候と克服する指導ポイント

　　1 【どろんこ】泥だんごの転がし・手先の不器用さを直す ………… 88
　　2 【かけっこ】まっすぐに走れず、曲がってしまう ………………… 90
　　3 【折り返し持久走】長く続けて走れない …………………………… 92
　　4 【立ち幅跳び】踏み切るタイミングがつかめない ………………… 94
　　5 【幅跳び】助走から踏み切って跳べない …………………………… 96
　　6 【ミニハードル】スピードがなく、跳び越せない ………………… 98

9章　「水泳」苦手徴候と克服する指導ポイント

　　1 【水遊び】なかなか、水に慣れない ………………………………… 100
　　2 【水遊び】水中で目をあけられない！！ ……………………………… 102
　　3 【ふし浮き】力が抜けずふし浮きができない ……………………… 104
　　4 【バタ足】ふし浮き状態でバタ足ができない ……………………… 106
　　5 【クロール】息継ぎができない・ローリングを習得させる …… 108

10章　「ボール運動」苦手徴候と克服する指導ポイント

　　1 【ボール投げ】ロケットゲームで投げる技能を高める ………… 110
　　2 【サッカー】「てるてるボール」で楽しみながら基礎運動 …… 112
　　3 【風船バレー】ボールが怖くてキャッチできない ……………… 114
　　4 【サッカー】立ってける感覚が育っていない ……………………… 116
　　5 【サッカー】足でドリブルができない ……………………………… 118
　　6 【ボール運動のルールづくり】ルール理解ができないときは紙
　　　に書きだす ………………………………………………………………… 120
　　7 【タグラグビー】ボールをパスする方向がわからない ………… 122
　　8 【ユニホック】協調運動が苦手でボールに触れない …………… 124

11章　「表現運動」苦手徴候と克服する指導ポイント

　　1 【まねっこ遊び】恥ずかしがって、自分から動けない ………… 126

  2　【まねっこ遊び】動きのまねが逆になってしまう子 ……………… 128
  3　【リズムダンス】動きが小さくなってしまう ……………………… 130
  4　【体じゃんけん】まねができない子の動ける身体づくり ……… 132
  5　【リズムダンス】友達と手をつないで踊ることが難しいとき、
    ノリのいい曲を！……………………………………………………… 134
  6　【フォークダンス】みんなとつながって「ジェンガ」を踊ろう
     …………………………………………………………………………… 136

12章　「縄跳び運動」苦手徴候と克服する指導ポイント

  1　【前跳び】手足の協応運動ができない ……………………………… 138
  2　【前回し跳び】縄跳びが全くできなかった子 ……………………… 140
  3　【縄跳び・後ろ回し】リズムよく後ろ回しが跳べない …………… 142
  4　【あや跳び】手を交差させるができない子 ………………………… 144
  5　【交差跳び】交差跳び・縄が大きく回せない ……………………… 146
  6　【二重跳び】縄を回す感覚が身についていない …………………… 148
  7　【二重跳び】体の部位同士の協応が苦手な子 ……………………… 150
  8　【長縄跳び】中に入れない子への指導 ……………………………… 152
  9　【長縄跳び】動きと動きを連結して行うことが難しい …………… 154
  10　【縄跳び】縄跳び運動の便利グッズ ………………………………… 156

13章　ソーシャルスキルの指導

  1　勝敗へのこだわりが強い子にどう対応するか ……………………… 158
  2　暴言を言う子にどう対応するか ……………………………………… 159
  3　負けを受け入れない …………………………………………………… 160
  4　ルールが守れない ……………………………………………………… 161
  5　順番を守れない ………………………………………………………… 162
  6　何をしていいのかわからない子 ……………………………………… 163

14章　体育授業に生かす感覚統合チェックリスト

  1　体育授業に生かす「動き」チェックリスト一覧 …………………… 164
  2　体の動きが育っていない子にどんなことを行うか ………………… 166

             あとがき ………… 168

1章 特別支援が必要な子の「感覚」を知る

【小野隆行】

1 感覚統合の考え方を学ぶ

　体育は、文字通り「知徳体」の「体」の部分を担う教科である。学校教育の中で、体の成長や発達を促す大きな役割を担っている。この「発達を促進する」という観点が、学校現場ではあまり意識されていないように思える。

　「子どもの発達」というのは身長・体重といった体の成長や、走る・跳ぶ・投げるなどの記録の伸びだけを指しているのではない。そのような目に見える部分ではなく、目に見えないところにこそ着目する必要がある。特に幼稚園や保育園から小学校の時期は、この目に見えない部分の発達がもっとも重要である。

　例えば同じ6歳の子どもでも、縄跳びがすぐに跳べる子もいれば、何度練習してもぎこちない跳び方のままの子がいる。これらは、なぜ起こるのだろうか。表面上に表れているのは「跳べる」「跳べない」という事象だけである。しかし、原因は何なのだろうか。

　このことを理論的に説明するには、子どもの体の中の発達を考えていく必要がある。そのためには感覚統合理論を学ばなければならない。

　感覚統合理論はアメリカの作業療法士、ジーン・エアーズによって提唱された。彼は、次の5つの感覚の脳内処理現象に焦点をあてた研究を行った。

---

①聴覚　②前庭覚（平衡感覚、筋肉の調節機能）　③固有覚（位置関係の機能）
④触覚　⑤視覚

　例えば、視力がよいのによくぶつかる子は、自分の体の位置関係を把握する「固有覚」の発達が弱い可能性が考えられる。また、よく躓いて転ぶ子は、前庭覚の発達が遅れている可能性が高い。このように、目に見える状態の裏には、これらの感覚の発達の問題が隠れているということがわかる。この感覚の遅れや躓きがわかれば、それを伸ばすための支援ができるのは言うまでもないだろう。

　作業療法士の福田恵美子氏は、『教育トークライン』（東京教育技術研究所2015年4月号）の中で次のように述べている。

　中枢神経系は可逆性がある。三歳から七歳ぐらいが感覚統合の発達にとって大切な時期である。（p.63）

　「可逆性がある」というのがポイントである。原因を予想し、正しい方策を立てることで発達を伸ばしていくことができるのだ。また、「三歳から七歳が大切な時期である」ことから、小学校体育が担う役割の大きさがわかるだろう。

　感覚統合の理論を学ぶことで、私たちは運動の苦手な子を救うことができる。そして、苦手な子だけでなく、得意な子をさらに伸ばしていくことも可能になっていくのである。

2 低学年体育の重要さ

　前ページでも述べたように、感覚統合の考え方からすると3歳から7歳までは人間にとって非常な重要な時期である。つまり、低学年の時期にこそ、「感覚を育てる授業」を行う必要があることがわかるだろう。

　TOSS体育は、法則化体育時代から、体育授業の重要な柱の一つとして「感覚づくり」を掲げていた。例えば、「逆さ感覚」「腕支持感覚」「回転感覚」などである。これらは、まさに感覚統合の考え方と密接に結びついている。

　このような感覚を育てていく必要性があるから、低学年体育は「○○遊び」という名称がつけられているのである。つまり、多様な感覚を身につけるような多様な動き、多様なプログラムが必要だということだ。

　しかし、現状はどうだろうか。このような観点で低学年の体育授業を見てみると、全く的を射ていない授業が多すぎると感じる。

　例えば、次のような授業が多く見られる。

---
①活動のたびに整列や集合をさせる。
②鉄棒であれば、1時間中鉄棒を行っている。
③準備運動がいわゆる体操のような運動になっている。
④中学年以上と同じようなサッカーなどのゲームが行われている。
---

　①のように、集合や整列が増えれば、当然、運動量が少なくなる。感覚を育てるもっとも大切なこの時期には、できるだけ運動量を確保したい。

　また、②のような授業では感覚は育ちにくい。感覚というのは、一度にたくさんの量をこなせば身につくものではない。特に、鉄棒で必要とされる回転感覚や逆さ感覚などは、ふだんの生活でほとんど経験しない感覚である。

　このような感覚づくりには当然時間がかかる。だから、鉄棒の単元だけで練習させるのではなく、体育の時間のたびに、少しずつ鉄棒の時間を取り入れるようにするのがよい。したがって、授業では「準備運動」→「おに遊び」→「鉄棒遊び」などというように、いくつかの運動を組みあわせるような進め方が望ましいと考えている。感覚統合の理論を学んでからは、特にこの考え方が強くなった。

　また、③の準備運動の内容をしっかりと考えたい。単なる体操で終わるのではなく、多様な動きをこの準備運動に取り入れて年間を通して行っていきたい。私は、「ジャンプ」「けんけん」「かえるの足打ち」「ブリッジ」「手押し車」など多様な運動を10～15種類程度、次々と行っていく。1年間たつと子どもの動きが大きく変わっていく。

3 特別支援学級の子の困り感を取り除く

　特別支援学級の子どもたちへの体育指導は、感覚統合の理論を抜きには考えられない。
　子どもたちのほとんどが、感覚的な苦手さをもっている。例えば、次のような子を担当したことがある。

> 「スキップができない」「ケンパがぎこちない」
> 「縄跳びができない」「50m走は速いのに、走り幅跳びでは踏切で止まってしまう」

　これらは、まさに感覚の発達の遅れである。運動の切り替えの動作がぎこちない子が本当に多い。2つの動きが連結するような運動のとき、苦手さが顕著に表れる。
　縄跳びでは、「縄を回す動き」と「跳ぶ動き」が連結している。また、走り幅跳びでは、「走るという動き」と「踏み切る」という動きが連結している。同じような運動特性では、「跳び箱運動」も同じである。
　このような子たちに、いくら「頑張れ！」と声をかけても効果がないのは明らかだろう。
　そのようなときには、運動の連結の部分を何度も体感させるような支援を行う。
　向山洋一氏は、跳び箱の前で止まってしまう子には、手をつないで助走から踏切の練習を何度もさせると述べている。感覚という観点から見ると、非常に優れた指導法である。
　このような指導が、日本中の学校の常識になっていないことが問題である。それは、学校現場の中に「感覚を育てる」ということの重要性がはっきりと認識できていないことが原因であろう。
　ちなみに、私がかつて訪れたアメリカ・ボストンの公立小学校では、どの学校にも感覚を育てるための教室があった。そして、専門の作業療法士が指導にあたっていた。特別支援学級の児童を中心に、必要な感覚を育てていくのだという。それぐらいアメリカでは重要視されているのである。日本では、あまりにもこのことが軽視されていることがわかるだろう。
　特別支援学級の子どもたちを取り巻く問題は、もともともっている感覚の発達の問題だけではない。そこには、情緒的な問題が必ずついてまわる。
　感覚を育てるには何度も繰り返し練習することが必要であるが、それを情緒的な問題が邪魔をする。例えば、次のような状態はどこでもよく見られる事例である。

> 「できないと苦手さを感じたことを、何度も取り組むことができない」
> 「集団の中に入ることに抵抗があり、運動自体に取り組もうとしない」

　苦手な跳び箱の授業があると学校への登校自体を渋る子もいる。このような子たちを運動に継続して取り組ませるには、楽しい雰囲気の中でゲーム的な要素を入れる、準備運動の中で年間を通して感覚づくりを行うなどの教師の工夫が必要になっていく。

(1) 外に出られない子が室内でできる運動
　特別支援学級の子の中には、集団の中に入ることが極端に苦手な子がいる。また、他人から

の視線を受けると、固まってしまうような過度に緊張状態になる子もいる。

　このような子が、体育の授業に入ることは非常に難しい。多くの学校では、特別支援学級の子が体育授業を行うのは、交流学級の体育の時間である。だから、その授業に参加できないと、一気に運動を行う機会が減ってしまう。

　このような子を担当したときに、学校の運動に対する環境面の弱さを痛感した。

> 　人の視線を受けることが極端に苦手な子は、学校生活の中で、運動をする機会が0になる。

　考えてもらいたい。学校の中で他人の視線を受けない場所はほとんど存在しない。

　運動場や体育館は、よほどの小規模校でないかぎり、ほとんどがどこかのクラスが使っているであろう。そのような状態で、運動場に出ていくことはできないだろう。

　また、運動場は、教室の窓や廊下などから、丸見えである。そのことを意識してしまうと、ますます外には出られなくなる。

　こういった子を外に出られないからとそのままにしておくと、1ヶ月で1度も運動をしないという状態になってしまう。当然、体の発育に問題が出てくる。少し活動するだけで、すぐに疲れやすくなる。そのことは、国語や算数といった他の学習にも当然、影響を及ぼしていく。

　運動ということが、これほど情緒の安定につながっているのだということを、そのとき強く感じたのを覚えている。だから、私は体育館の空き状況を常に確認しながら、できるだけ運動の機会を確保しようとした。しかし、定期的に運動の時間を確保することができないと、なかなか意欲的に運動に取り組もうとはしないものである。

　そこで、室内で手軽にできる運動を日常の中に取り入れた。

①マット遊び		小さなマットを2枚ほど用意し、毎日、前転、後転、回転ジャンプ、かえるの足打ち、ブリッジなどを行った。感覚づくりである。
②フラフープ		ゲーム性があってバランス感覚も養える。
③柔軟		これで動きがなめらかになった。
④棒バランス		手の平にのせてバランスをとる。
⑤手押し相撲		友達と運動を通して交わることの大切さを体感できた。
⑥縄跳び		室内でも十分できる運動である。
⑦バランスボール		楽しみながらバランス感覚が鍛えられる。最初は、支えていても上に座れなかったのが、2週間で数秒間、正座できるようになった。
⑧けん玉		目と手の協応動作としてとてもよい。

　他にも、コマや風船なども持ち込んだ。

　継続して行うためには、何でもかんでも詰め込むのはよくない。毎日、必ず行うもの、曜日によって種目をかえるものなど、その子にあったプログラムを教師がつくることが重要だ。

　その際は、教師だけで決めるのではなく、子どもと一緒にプログラムをつくりたい。そして、1ヶ月ごとにメニューを見直すなどの微調整が、継続するコツである。

(2) 感覚を育てる簡単な運動

　全ての運動は感覚を鍛えることにつながっている。しかし、ただやみくもに運動をやればいいというものではない。大切なのは、どのような子にどんな運動が必要かという考え方である。そのためにも、感覚統合の理論を学ぶことが重要である。

　福田恵美子氏は、『教育トークライン（前掲書2016年4月号）』の中で、幼児期に行う3つのチェックをあげている。

> 1　床に立っている状態から、両足が一緒になって跳べるか。両足がばらばらに動いているか。
> 2　着地するとき両足がばらばらに着地するのか、一緒に着地するのか。
> 3　跳んで着地した位置は元の位置か、前方か、側方か、後方か、斜め方向か。

　1では、新生児や幼児に見られる原始反射の残存があると、床から離れないという。この対策として「リズムカルに歩くこと」をあげている。TOSS体育ではおなじみの「リズム太鼓」を使った運動は、まさにぴったりである。

　2では、手足や左右の協調動作がうまく働かないことが原因になっている。対策としては、1と同様に「リズミカルに歩くこと」に加えて、音楽に合わせた上肢の手遊びゲーム（おちゃらかほい等）があげられている。「リズム」や「音楽」を意識した「体ほぐし」のような運動も効果的であると考えられる。

　3では、身体の中心軸が脳内にきちんと地図として描かれていないことを原因としてあげている。中心軸が描かれていないと体幹の安定性がなくなり、全身運動が苦手になることは容易に理解できる。そのための対策として、「手押し車」「足押し相撲」「手押し相撲」「V字運動」などが紹介されている。

> 　TOSS体育で進められてきた、「リズム太鼓を使った運動」が、1、2、3のいずれにもあてはまる。

　準備運動などを通して、多様な動きを継続して行っていく。そして、福田氏があげるようなチェックポイントを教師自身が理解した上で必要な動きを選択していくことが大切である。

　私は、特別支援を要する子どもたちに対して、「だるまさんが転んだ」の遊びをよく取り入れている。この遊びの中で、普段では経験しないようなさまざまな動きが出てくるからだ。

　例えば、「だるまさんがこ〜ろ〜んだ」と急にストップをかけたときに、動きを瞬時に止めることが要求される。動くことは簡単であるが、動きを止めることは難しい。このストップが上手にできるようになってくると、動きのぎこちなさが減ってくることを実感している。

　また、止まるときに、片足が上がった状態でバランスをとっているような状態が頻繁に出てくる。これも体幹や感覚を育てるのにはよい。しかも、遊びの中で繰り返し行えるという利点がある。体育の授業の中でも取り入れていただきたい。

(3) 仲間と一緒にできる運動

　仲間と一緒に運動を行うときには、触覚の問題に気をつける必要がある。

感覚過敏の子どもは、ちょっと触っただけでも痛いと感じることがある。そして、そのような経験を重ねれば「怖い」と感じて運動自体を避けるようになってしまう。集団の中に入ることを自然に避けたり、仲間と一緒に運動を行うときに体や表情がこわばっている子は、感覚の過敏がないか観察した方がよい。

　子どもは、相手の様子を見て、力の入れ具合をコントロールすることが難しい。楽しい活動を取り入れている場合など、興奮してやりすぎてしまうというケースも出てくる。

　このような子がいた場合の対策を2つあげる。

| ①教師がペアになって行う。 |
| ②1人でできる運動をペアやグループで行う。 |

　①は、力の入れ具合を調整できる大人が相手になることで安心感を与えることができる。その上で、運動に慣れさせていく。これは、その子自身の能力を伸ばすことに着目している。

　一方で、別の効果もある。教師のやり方を真似させて周りの子のかかわり方を伸ばしていくのである。このような環境が整わなければ、仲間とかかわる活動が苦痛になってしまう。

　②は、身体同士のふれあいがない状態から、仲間と一緒にできる活動を始めていくというものである。例えば、「リズムを合わせて縄跳びをする」「ボールをつく」などがある。

　このような個人の運動であれば、接触がないので安心して取り組むことができる。このような運動でも充分仲間と一緒に行う楽しさを体感できる。

　さらに、発展として、友達と一緒に「マット運動」「跳び箱運動」を行う活動も楽しい。

　最初は、マットを並べてペアで前転をする。同じスピード同じリズムで回ることを目標にすれば、自然にペア同士の交流が生まれる。そして、ペアでの動きがシンクロしてくるにつれ、仲間とのかかわることの楽しさ、よさを感じるようになる。

　私はその後の活動として、ペア同士をくっつけて4人組で前転をさせた。4人になるとなかなか動きがそろわない。そのような体験をさせた上で、「手をつないで回る」「手を友達と交差した状態で回る」「腕を組んで回る」といった身体接触を伴う活動につなげた。最初は身体接触に困難さがあった子が、みんなと一緒に楽しく活動できるようになった。

　安心感とスモールステップがきわめて重要であるということがわかる事例である。

　また、私は感覚過敏があると思われる子には、どの程度の身体接触ができるかを見る。まず、こちらから接触することは避ける。それよりも自分から接触する。また、背中や肩などの体よりも手の平や指先の方が接触しやすい。

| ①握手ができるか　②腕相撲ができるか　③指相撲ができるか　④ハイタッチができるか |

　どれかができれば、信頼関係ができるにしたがってだんだんと接触が可能になってくる。もちろん嫌がれば無理強いはしない。全員が行う中で、あるいは休み時間の楽しい雰囲気の中で行うようにしている。

【佐藤泰之】

授業開始、スムーズに始めるポイント

1 ねらい（焦点化）

　授業は45分間の勝負である。特別支援の子どもにとって、授業開始をいかに安定させるかが重要だ。「気を付け。これから〇時間目の授業を始めます。礼」などと始めていたのでは時間の無駄である。フラフラしている子を注意しなければいけないことになる。授業開始をスムーズに始めるポイントを示す。

2 苦手・つまずきの背景（視覚化）

　体育の授業は、校庭や体育館で行われる。特別支援が必要な子どもは、「何をすればよいのか」という見通しが立たないと不安になる。また、「早く行くと得をする。遅れたら損だ」という損得感情を考えることも苦手である。

3 解決策（共有化）

Ⅰ　やることを明確にする。
Ⅱ　早く来た子が得をする活動を仕組む。

〈校庭ローテーションメニュー〉
①校庭3周
②鉄棒　ダンゴ虫10秒
③鉄棒　逆上がり5回 or 前回り下り5回
④タイヤ開脚跳び
⑤ジャングルジム上り下り

　私は、校庭に出たら上に示したメニューのローテーションを行っている。時期により、この中に雲梯を入れたり登り棒を入れたり、縄跳びを入れたりしている。体育館であれば、2人組の手押し車や馬跳び、壁逆立ち10秒、舞台への上り下りなどが入る。

　特別支援の子どもにとって、やることが明確になっているということが大切である。特別支援の子どもは、見通しがもてないとき不安になり、活動できないからである。

　ある程度時間をとった後に、全員を集合させ、1つ1つの運動を丁寧に行っていた子や早くから来て運動に取り組んでいた子をほめる。こうすることで、「丁寧に取り組んでいること」「たくさん取り組んでいること」が教師のほめるポイントなのだと理解させることができる。

　他にも、「早く来たら得をする」という方法もある。例えば、「体育館に行ったら、バスケットボールでシュートの練習をしています」と指示する。そうすると、少しでも長い時間ボールで運動していたいから早く体育館に行くようになる。その子がどんなことに興味をもっていて、どのような運動を仕組めば授業にスムーズに入ることができるのか。教師はアンテナを高くしておく必要がある。

　授業開始に子どもをほめることから入れば、さらに安定した授業を行うことが期待できる。

【佐藤泰之】

2 集合の仕方を教える

1 ねらい（焦点化）

体育の授業では、子どもたちに動き方の説明をしたり動き方を考えさせたりするために、教師の指示や発問をする場面が必ずある。子どもたちは、集合するときにどのように集まるのか、どのように動くのかがわからない。年度のはじめに正しい集合の仕方を教えておくことはきわめて重要なことである。

2 苦手・つまずきの背景（視覚化）

下に3つの写真がある。どのように子どもたちを集めているだろうか。
　　Ａ：縦隊で整列　　　Ｂ：横隊で整列　　　Ｃ：集合

Ａ・Ｂのような整列を強要すると、どうしても動く子や列からはみ出した子が気になってしまう。集合であれば、そのようなことが気にならない。

もちろん、整列などの集団行動を教えることは大切だ。しかし、毎時間の始まりを「前へならえ」や「列が曲がっています」などの叱責でスタートしたらもったいない。特別支援の必要な子も「体育つまらない」という先入観が刷り込まれてしまう。

A

B

C

3 解決策（共有化）

①教師の3ｍ以内に集合　　バームクーヘン　4列縦隊　ハンドサインで示す
②場所を指定する　　　　　サークルの中　カラーコーンの前
③時間を示す　　　　　　　リズム太鼓の音が10なる間

「どこに集合するのか」場所がわかれば、特別支援の子どもたちの動きは速くなる。体育館にたくさん書かれている円を使えば、自然と3ｍ以内に集合する形になる。白いライン、カラーコーンの前などと場所を限定して示すことも有効だ。場所の限定が特別支援の子どもの動きを高める。

教師が手を広げれば、教師の手の中にバームクーヘンの形で集合することがわかる。また、ハンドサインで指を横に4本出したら、4列の横隊に並ぶなどの約束を決めておく。

「リズム太鼓で10数える間に、サークルの中に集まりなさい」と時間を示す。

集合の仕方を教えることで、ほめて授業を進めるよいサイクルを生み出すことができる。

【塩苅有紀】

3 着替え・準備が遅い─腰かけたままのルール

1 ねらい（焦点化）

　体育の授業では十分な運動量を確保したい。特別支援の子どもは、着替えや準備を素早く行うことが苦手である。そのため、着替え方を教えたり、準備する時間の目標を示したりすることで、素早く行えるようにしたい。そして、運動量を確保していきたい。

2 苦手・つまずきの背景（視覚化）

　着替えに時間がかかる。着替えについて何も指導していない状態だと、全員が着替え終わるまでに5分以上かかる。特に特別支援を要する子どもは、やるべきことよりも興味のあることを優先してしまいがちなので、着替えている途中に友達とおしゃべりに夢中になったり遊んだりしてしまうことがよくある。

3 解決策（共有化）

　特別支援の子どもが着替えや準備を早くするには、ルール化する。どのように工夫するのか、どの順番にするのかを次のようにルール化すると効果的である。

(1) 着替えは自分の椅子に腰かけて

　着替えに時間がかかる原因の多くは、途中で友達のそばへ近寄っていき、そこでおしゃべりを始めることにある。そこで、着替えは立って行うのではなく、椅子に腰かけたまま行うことを教える。ソーシャルスキルかるた風に、

> 体操服　腰かけたまま　着替えよう。

と声をかけると、素直に行動できるようになる。「椅子に腰かけて着替える」というたったこれだけで、友達とのおしゃべりやふざけ合いがなくなり、2分で着替えられるようになる。

(2) 準備は分担と時間を示す

　どう場づくりをするかをスケッチブックなどに描いておき、「Aのマットは赤団、Bのマットは白団」というように分担を伝える。そして、用意させる前に、

> 2分でできたら、スーパー○年生。1分でできたらスーパーウルトラ○年生。

などというように目標の時間を示す。一生懸命に素早く準備している様子をとらえ、大いにほめることで、全員で協力して準備する心地よさを味わえるようにしたい。

　「スーパー○年生。スーパーウルトラ○年生」という言葉は、子どものイメージをつくり、意欲化につながる。

　特別支援の子どもも以上のようなルールを言葉だけでなく、視覚化することで理解できる。具体的な言葉や、絵を描いたりして示していくことが効果的である。

【川口達実】

4 体育館のルール——楽しく守るイラスト表示を

1 ねらい（焦点化）

特別支援を要する子どもをはじめ、やんちゃ君にも、道具の使い方を教えておくことで、事故や混乱を防ぎ、集団の規律を維持することができる。そのために、ルールをイラストや写真に短い文やキーワードを使って教えて、掲示し、守れた行動をほめる。そうしたことを繰り返し、ルールを守る子どもに育てるのである。

2 苦手・つまずきの背景（視覚化）

道具を乱暴に使ったり間違った使い方をしたりして、子ども同士のけんかやトラブルになることがある。例えば、次のようなことがある。
①縄跳びや体操棒を振り回して遊ぶ。
②体育館で、ドッジボールを蹴って遊ぶ。

①②は、自分がされた場合の危険性をわかっていない場合がある。また、道具を持たされても、「何も指示されていない」「何をしていいかわからない」「どのようにしていいかわからない」状態にあるから、してしまう場合もある。だから、「自分がしたいこと」をしてしまうのである。「どうして勝手なことをするのだ」と注意され、マイナス気分になり、参加意欲が減退する。

3 解決策（共有化）

ルール等を事前に知らせ、何をすればよいのか明確にする。

①ルールや禁止事項をイラストや写真で示して、守ってほしいことをキーワードや短い文で書く。

②短く趣意説明をする。「縄が目に当たると大変です。縄は振り回しません」実際にやって見せて、その危険性を子どもに感じさせるとよい。

③開始時の運動を指示する。

「体育館に来たら、前跳び100回します」

縄跳びカードから好きな技を自分で選択させてもよい。

ルールを守らない場合は、罰則にする。

「縄を振り回したら、5分間体育の見学にします。その間、見学レポートを書きます」

「縄を振り回したら、トラブルレポートを書いてもらいます。それを家の人に見てもらいます」子ども自身に、行動を振り返らせ、次はどうすればよいか考えさせるためである。

ルールを守ったことをほめる。

縄を振り回さなかったことをほめる。特に、カードから技を選んで、縄跳びの技を練習していたときは、大いにほめる。こうして、ルールを教えて守らせ、ほめることで、道具の使い方は上手になっていく。

一度に提示するルールや禁止事項は、子どもの実態によるが、多くて3枚がよいと考える。

【間嶋祐樹】

5 指示→活動→評価とリズムよく指示を出す

1 ねらい（焦点化）

教師が指示を出し、実際に動かしたものの、発達障害の子どもが動けずに、活動がうまくいかないというシーンはよく見かける。

理由として考えられるのが、発達障害の子が何をしていいのかわからないということである。そこで、それを防ぐために、子どもをどう動かしたらいいのかを考えてみる。

2 苦手・つまずきの背景（視覚化）

発達障害の子どもが動けない理由としては、次のような理由が考えられる。
①刺激が多いので、気が散り、話が聞けない。
②教師の言葉が多いので、ワーキングメモリの少ない子どもが話を聞き逃す。
③動きのイメージができないので、動けない。
④何をしていいのかわからない。

3 解決策（共有化）

①直上パスキャッチ
②直上拍手キャッチ
③直上背面キャッチ
④直上回転キャッチ
　指示→活動→評価（ほめる）
の形で進めていく。

上記のような運動を行うとする。

最初に、教師がやって見せる。そして、指示を出す。「10回できたら戻ってきなさい。はじめ」これだけで子どもは動き出すことができる。やることがはっきりしているからである。

発達障害の子は、活動の中に複数の内容があると、それだけで混乱する。したがって、一度の活動の中には1つの動きだけにする。

全員できるまで時間がかかる。全員ができるまで待たない。最初にできて、集まってきた子がだらけてしまうからである。特に、発達障害の子ほどそうである。飽きさせないように、途中で全員を集める。そして、ほめる形で評価する。

同様に、またやって見せて指示を出す。指示は同じ。「10回できたら戻ってきなさい。はじめ」簡単な動きから、徐々に難しい動きにステップアップさせる。発達障害の子が意欲を失う理由は、運動ができないからである。簡単な動きから徐々に難しくすることで、運動をできるようにしていくのである。そうすることで、運動の意欲を持続させる。

「指示→活動→ほめる形での評価」で授業を組み立てていく。授業がテンポよく進んでいく。

【間嶋祐樹】

6 準備運動をしていないときにやっておくこと

1 ねらい（焦点化）

単元の最初に、ものを準備させたり、場の設定をさせたりするのにとても時間がかかる場合がある。そこで、単元のはじめの時間から子どもが動きのイメージでき、短時間で授業の準備ができる指導の仕方を提案する。

2 苦手・つまずきの背景（視覚化）

発達障害の子は、やることがはっきりしていないと動くことが難しい。イメージができないからである。言葉で伝えられただけでは、イメージができない。また、ワーキングメモリが弱いので、自分の役割や担当の場所を忘れてしまうことが予想される。

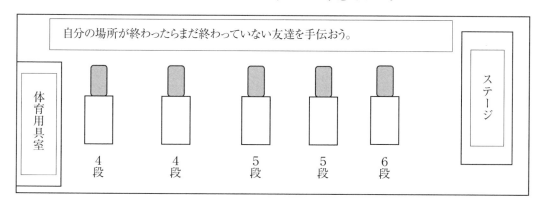

3 解決策（共有化）

ホワイトボードを示し、準備の内容について説明する。ワーキングメモリの不足を補う視覚支援である。次に、場所の役割を分担する。ただし、時間がかかってはいけない。子どもがだれて、遊び始めるからである。場所の役割が決まったら、誰が何を運ぶのかを決める。跳び箱、ロイター板、マットをそれぞれで分担する。これは、1分で決めさせる。

役割分担が決まったら、念のため跳び箱担当、ロイター板担当と挙手させていく。ここまで詰める。そうしないと自分の役割がわかっていなかったり、分担を決めていなかったりする班があるからである。自分の役割がはっきりすると、特別支援を要する児童が動けるようになる。

分担が決まったからといってすぐに動かしてはいけない。準備を早く終えた子が遊び始める。そこで、自分の分担の準備が終わったら終わっていないところのお手伝いをすることとする。

最後に仕上げをする。「ステージに一番近い6段を準備する人立ちなさい」これで、ワーキングメモリの弱い子も動ける。自分がやるべきところをホワイトボードで確認し、友達と共に立つからである。それでも忘れている子は友達が立つ際に声をかけてくれる。

この指示は、一時一事の動きになると同時に体育用具室の混雑を防ぐ時間差にもなる。

2章 特別支援が必要な子に配慮した教師のマネジメント 19

【武井　恒】

7 終わったらどうするかを示す

1 ねらい（焦点化）

　体育に限らず、教師の指示で子どもたちは動き始める。魅力的な教材や教具があれば、時間を忘れ夢中になって活動する。活動の終わり、授業の終わりを明確にしなければ見通しをもって活動することができない。さらに、「終わったらどうするか」を示さなければ、混乱する。終わりと終わった後の行動を明確に示すことが大切である。

2 苦手・つまずきの背景（視覚化）

　体を動かすことが好きな子どもたちは多い。しかし、終わりがわからなければ、いつまでも動き続けてしまう子もいる。終わりをイメージすることができないのである。だから活動の終わりを意識できずに行動してしまう。

　このような子どもたちに共通する背景は以下のことである。

　　見通しがもてない。

　何をしたら終わりなのか、終わった後は何をするのかをわかりやすく提示することで見通しをもたせることができる。

　見通しには、「時間の見通し」と「行動の見通し」がある。時間の見通しは、「あと○分で終わり」がわかることであり、行動の見通しは「～したら～する」ことがわかることである。これらの見通しがもてることで、子どもたちは安心して行動することができる。

3 解決策（共有化）

＜指導のポイント＞

①**タイムタイマー**（写真1はhttp://ur2.link/z5NZより引用）

　時間の見通しをもたせる方法の1つとして、タイムタイマーの使用がある。赤い表示が少なくなることで、あとどれくらいで終わりなのかが見てわかる。時計が読めない子でもわかりやすい。最近は、スマートフォンアプリにもあるので、手軽に入手できて便利である。時間の見通しをもつことで子どもたちは、安心して行動できるようになる。

写真1

②**スケジュールイラストカード**

　私は、授業のはじめにホワイトボードにイラストカードを貼って流れを提示する（写真2）。それを授業中、常に見える位置に置き、子どもたちがいつでも見て確認できるようにしている。終わったら次の活動は何なのかわからないと不安になる子が多い。そのための視覚的支援である。終わったらどうするかがわかることで見通しをもって行動することができる。どちらも終わりの見通しをもたせる方法である。時間と行動の視点から見通しをもたせることで、子どもたちは安心して活動ができる。

写真2

【武井　恒】

8 ボディーイメージをもたせる方法

1 ねらい（焦点化）

　子どもたちに伝えたいことがあると、教師は指示や説明をする。長く説明すればするほどわからなくなることがある。指示や説明は一時に一事が原則である。一度にすべてわからせようとするのではなく、細分化して伝えることが大切である。できない課題や原因を分析し、スモールステップを意識した指導で、子どもたちの動きが変わってくる。

2 苦手・つまずきの背景（視覚化）

　運動が苦手な子の中には、ボールゲームの前のキャッチボールで、投げるのも受け取るのも苦手な子がいる。見本を見せても、その通りに真似することができない。そのような子どもたちに、いくら説明したり、動きの見本を見せたりしても効果は期待できない。むしろ、長い説明は動きを引き出すことを阻害してしまうことすらある。その原因はさまざま考えられるが、1つ考えられることは以下のことである。

> ボディーイメージが未発達

　自分の体のサイズや動かし方などが実感できず、動きがぎこちなくなる。すると、体育の授業だけでなく、家具や人によくぶつかったり、授業中に板書をノートに写すのが難しかったりする。特定の球技だけが苦手な場合は、練習して上達することもあるが、キャッチボール以外の動きも全体的にぎこちない場合、別のアプローチをした方が効果的である。一度にわからせようとせず、原因を探りながら指導をしていくことが大切である。

3 解決策（共有化）

＜指導のポイント＞

①**教材の工夫（ゴミゴミボールの実践）**

　ボールゲームを行うとき、ボールを取ったり、投げたりするキャッチボールの動作ができなければならない。しかし、動きがぎこちない子の中にはそれができないこともある。そこで、ビニール袋に新聞紙を入れて丸めた「ゴミゴミボール」をつくった（写真1）。つかみやすく、転がりにくいためドッジボールなどのボールを投げられない子にも、有効な教材である。

写真1

②**ボディーイメージを高める**

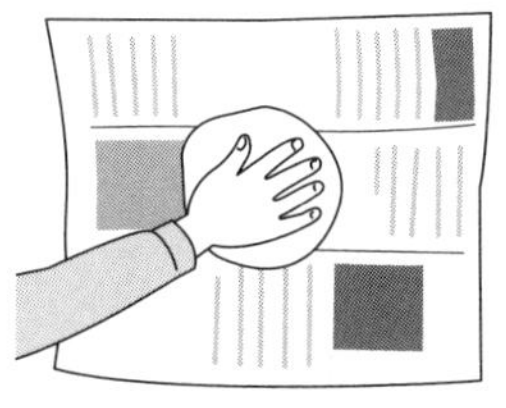

　運動が苦手な子の多くは、前述したボディーイメージが未発達の子どもが多い。そこで、写真のような新聞紙をさまざまな大きさに切り抜いた教材を使い、体への意識を高める指導が有効である。子どもは新聞紙を破らないように、自分の体の部位を切り抜かれた部分に通す。活動を通して、自分の体への意識が高められていく。ボディーイメージが高まっていくと、自然と体の動きも上手になっていく。体育では、この視点も大切である。

写真2

【佐藤泰之】

9 満足するまで活動させる

1 ねらい（焦点化）

特別支援の子どもたちが「もっとやりたい」と思う体育授業を目指したい。そのような欲求があるときの子どもたちの意欲や吸収力は大きなものだ。授業中や授業後の子どもたちから上記の言葉や勇んで教師に授業のことや自分の成果を話しかけにくる様子が見られれば、子どもは満足したのだということがわかる。

2 苦手・つまずきの背景（視覚化）

授業には計画があり、特別支援の子どもが満足するほど時間を費やしてあげられないこともある。教師は、計画を意識して子どもたちを誘導し、子どもは納得しない状態で次の活動を始める。すると、子どもはやる気をなくし、体育嫌い・担任不信につながるという負の連鎖になってしまう。反対に、計画を無視し、子どもが満足するまで遊ばせているだけでは体育の授業にならない。活動あって思考なしでは、授業とは呼べない。

3 解決策（共有化）

＜指導のポイント＞
①場やモノを用意する。
②授業を帯で考える。
③「もっとやりたい」と思わせたところで止める。

子どもが満足する活動をさせるには、まずは場やモノを用意しなければいけない。特別支援の子どもは、ボールを操作することが苦手である。ドッジボールではなく、最初は柔らかい風船を使用する。風船は軽く、操作がしやすい。当たっても痛くないので、意欲をもって取り組み、満足感を得ることができる。

次は、上の写真のように、2～3人で運動する。1人でやるよりも運動量が増え、仲間と活動することが楽しくなる。

また、授業を帯で考えることで、活動の時間を多く確保することができるようになる。10分の活動を5回行えば、45分間取り組むよりも長いスパンで多くの時間をもつことができる。そうすると、特別支援の子どもも「もっとやりたい」と思う。「続きは次の時間にやるよ」ということも効果的である。特別支援の子どもが熱中するパーツを毎回の授業に入れることができれば、授業は盛り上がり、満足するまで子どもを活動させることにつながる。

【佐藤泰之】

10 活動に自由度を入れる

1 ねらい（焦点化）

特別支援の子どもたちは、「やらされている感」を抱かせることなく、教師の指導のもと、「自分たちが考えた」「私が発見した」という感覚をもたせることができれば、特別支援の子どもにとってより楽しい体育の授業になる。活動に自由度を入れるということは、「好き勝手にやってよい」ということではなく、いかに子どもを主役にした体育授業にするかということである。

2 苦手・つまずきの背景（視覚化）

体育の授業では、運動技能の向上をねらって、教師が一方的に指導をしてしまうことがある。そのような中で、技能が向上することに満足感を感じ、教師への信頼感を高める子どもがいる一方、やらされている感を感じ、教師への不信感を抱く子どもも出てきてしまう。

3 解決策（共有化）

＜指導のポイント＞
①基本型を教える。
②アレンジできる余地を与える。
③子どもが考えたアレンジを高く評価する。

子どもが好き勝手にやることが「自由度」ではない。特別支援の子どもには、基本型を教える。上の写真は、根本正雄氏による変身ロープリレーの実践である。はじめにロープの周りを走るのだというルールを確定させる。

次に、どのようなロープの形（コース）にすればより速くゴールできるのかというところを考えさせる。円の形や三角形、水滴の形など、さまざまな意見を出させる。このように考えさせ試させるところに子どもの自由度をもたせる。特別支援の子どもも参加できるようにする。ここは子どもの発想が光る場面だ。

さまざまなやり方が出てきたところで、もう一度リレーを行う。リレーの順位だけでなく、はじめのタイムと比べて1秒でも速くなったチームや伸び率1位のチームを高く評価することで、子どもたちが考えたコースがいかに優れたものだったのかを教師が総評すればよい。子どもたちは自分たちが考えたことが教師に評価されることで大きな満足感を得ることができる。

【川原雅樹】

11 変化をつけると熱中する

1 ねらい（焦点化）

　発達障害の子どもたちは、ドーパミンの分泌がうまくいかないことが多い。そのため、次々集中が移り、授業に熱中できないこともある。そんな中、さまざまな運動を次々行うことにより、飽きることなく１つ１つの運動に熱中できる。また、その後静かな運動を組み合わせる。動と静を組み合わせることで、ドーパミンとセロトニンが分泌し、安定して授業に参加できる（ドーパミンは興奮・セロトニンは安定をもたらす神経伝達物質）。

2 苦手・つまずきの背景（視覚化）

動から静へ、準備運動から説明なしに次々行う。

3 解決策（共有化）

> 動から静へ……少し息が上がったところで、静かなストレッチなどを行う。

　体育館でも運動場でも最初から並ばせない。「集合」で教師の前にバラバラに集まったら、説明せずにすぐ笛やリズム太鼓に合わせジャンプさせる。最初は教師がやったのを真似させる。慣れてきたら笛や太鼓だけでいい。とにかく説明せずに次々やらせていく。

> ①その場ジャンプ　②３で高く　③３で座る　④３で１回転

　ここまでは一気にいく。１回転したところでちょっとした「疲れ」が出てくる。息も少し上がる。このあと屈伸、前屈などのストレッチに入り静かめの運動に入る。アドレナリンとセロトニンが交互に出て、落ち着いていく。さらに次のように流していく。
　①太鼓に合わせて自由に走る　②後ろ向きに走る　③スキップ　④ギャロップ　⑤片足ジャンプ　⑥両足ジャンプ　⑦歩く　⑧後ろ向きに歩く　⑨横に歩く　⑩横に走る
　また息が上がる。その場に寝かせまたストレッチや足だけ上げる運動など。動と静をミックスして組み立てるだけで、子どもたちは快になり楽しい。
　この後は、鬼ごっこや本時の中心となる運動に入っていく。

12 シンプルな場づくりをする

【川原雅樹】

1 ねらい（焦点化）

　二重跳びリレーの男女対抗の並ばせ方。跳び箱の置き方。できるだけシンプルで子どもにわかりやすく、それでいて場づくりには意味があることを示す。安全に留意しながら、子どもが熱中し、教師も全体が見える。そんな場づくりを紹介する。

2 苦手・つまずきの背景（視覚化）形を重視し本質をついていない

　左は二重跳びリレーの場づくり、右は跳び箱運動の場づくりだ。
　つい形だけを重視して、二重跳びなら男女2列ずつだったり、男女混合だったりする。跳び箱なら横にまっすぐに並べてしまう。
　これでは熱中度も下がり、安全度も実は確保できない。

3 解決策（共有化）

＜指導のポイント＞シンプルな場づくりには全て意味がある

①二重跳びは男女対抗、1列ずつにすると盛り上がり、成功者が続出する。
②跳び箱は少しずらして置くと、教師から見えやすく安全に指導できる。

　二重跳びリレーは男女1列ずつにする。前から男女それぞれ1名ずつ二重跳びをさせ、ひっかかったら次の子に交代。列の最後まで全員がいったら終了。早く最後までいった列はまた最初の子に戻る。終了後、跳んだ人数が少ない方が勝ちだ。
　教師の私は全体がよく見えるステージ上に立つ。不思議に男女対抗の方が盛り上がる。これを混合にしてしまっては盛り上がらない。さらにすごいのがこのときに初めて二重跳びができる子も続出する。自閉症の子の多くは協応動作が苦手だ。そんな中、不思議に二重跳びまでできてしまう。教師がステージ上に立つのはジャッジを明確にすることと、初めて跳んだ子を見つけるためだ。そのときに「〇〇君、初めて二重跳び成功」など言ってあげる。本人も周りも大喜びとなる。発達障害の子どもたちがヒーローになる瞬間でもある。
　跳び箱は写真のように少しずらす。教師が横から見て、全員が跳ぶ場面がわかる。これを真横に置いてしまうと重なって見えない。このように全てに意味があるのである。

【近江利江】

13 習熟していく単元づくりをする

1 ねらい（焦点化）

　体育の授業で「先生の言うことを聞いたら、できるようになった」とまず、子どもたちが実感しなくてはならない。そのことにより、特別支援の子どもや体を動かすことが苦手、先生や友達とかかわることが苦手な子どももロングスパンで、体育好きになっていく。低学年の体育では、体つくり運動、器械・器具を使っての運動遊び、ゲーム（鬼遊び等）を可能な限り帯でとっていく。その中で動きをよくしていく。

2 苦手・つまずきの背景（視覚化）

　「いろいろな運動遊びをしよう」と校庭にある固定遊具へ連れて行く。ジャングルジム、滑り台などに駆け寄っていき、遊び始める子どもたちが大半である。しかし、フラフラと歩いているだけ、という特別支援の子どもも少なからずいる。低学年は特に、運動経験の過不足があり、またそれに伴う運動能力や運動技能が未発達な子どもへの指導がきわめて重要である。

3 解決策（共有化）

＜指導のポイント＞

①主運動の前に5～10分程度、体つくり運動、器械・器具を使っての運動遊び、ゲーム（鬼遊び）を必ず入れる（年間指導計画の標準では4割以上確保可能）。

②やることを限定する。　例）「いうこといっしょ　やることいっしょ」、「固定施設遊び」は自由ではなくポイントを教師が示す。

③人数を1人でできるものから行う。　例）リズム太鼓を使ってのウォーキング

授業例1）「いうこといっしょ　やることいっしょ」

教師「いうこといっしょ　やることいっしょ」

子ども「いうこといっしょ　やることいっしょ」（教師の言葉を繰り返し言う。）

教師「前」（両足で前に踏み切る。）

子ども「前」（教師の言葉を繰り返し言い、両足で前に踏み切る。）

教師「後ろ」（両足で後ろに踏み切る）

子ども「後ろ」（教師の言葉を繰り返し言い、両足で後ろに踏み切る。）

　用意する物は一切不要だ。右、左、斜め前、斜め後ろ、手をあげて、片足あげてなどと言葉を変化させていく。ステップアップとして「いうこといっしょ　やることはんたい」として、教師が「前」と言ったら、「前」と言いつつ、動きは「後ろ」に踏み切ることもできる。

授業例2）「固定施設遊び」～うんてい～落ちたらこわいと恐怖心を抱きやすいもの

　「ゆ～らゆら、ぴょん」を合言葉にする。うんていの端から端までを進むことを最初の目的にするのではなく、自分の体の重さを腕で感じつつ、バランスよく着地することの楽しさを味わわせていく。教師が子どもを持ち上げて、うんていを掴ませるところからスタートだ。

【近江利江】

14 不安をなくす場・支援をする

1 ねらい（焦点化）
　自分の腕は体のどこについているのか、どう力を出したり、緩めたりすればよいのかがわからず不安になる子どももいる。ボディーイメージを形成し不安をなくする。

2 苦手・つまずきの背景（視覚化）
　普段、私たちは日常的に「五感」を使って生活をしている。しかし、実はあまり意識をしていないが、「平衡感覚」「固有感覚」「触覚」などもバランスよく働いている。この3つの感覚をうまく使うことができないため、「まっすぐに並べない」「よく物にぶつかっている」「姿勢が悪い」と見られてしまう子どももいる。まず、手や足をどう動かせばよいのか、どう踏ん張ったり、力を入れたりしていけばよいのか、ボディーイメージをつくることが大切である。

3 解決策（共有化）
＜指導のポイント＞
①体育以外の教室でも行う　　トンネルくぐり、室内どんじゃんけん
②場所を指定する　　　　　　肋木のぼり、平均台わたり

授業例1）　トンネルくぐり、室内どんじゃんけん

　　A（両手、両足使い）　　　　　B（両足のみ）

　教室内で机を5～6台ほどつなげ、Aのように両手と両足を使って頭を下げながら進む。最初は2台から始めてもよい。自分の体をどのくらい縮めるとよいのか、両手や両足を交互に出していかないと、ゴールにたどり着かないことを楽しみながらやっていく。また、ステップアップしたらBのように足のみで進む。最後には机を何列もつなげ、室内でのどんじゃんけんぽんを行う。その際に、いきなり走るのではなく、歩いてどんじゃんけん、スキップどんじゃんけん、走ってどんじゃんけんなどと変化させていく。

授業例2）　肋木のぼり、肋木タッチアンドゴール

　肋木の一番上にリボンなどを結び、ゴールを示して上り下りをすることにより、両手や両足をどの順番で動かすとよいのか身につけられる。さらに、肋木に白、黄などのビニールテープを貼り付ける。「白」と教師が言うと、白のテープの所のみに手をかけて上り下りするなど、さらに場を限定して体を動かすこととなり、ボディーイメージを形成できる。いきなりゲームなどをやるのではなく、自分の体の動かし方を身につけることが重要である。

　上記のように、普段の生活で楽しいゲームをやり、シンプルなルールで体を動かすステップを踏むことでボディーイメージが形成され、不安をなくしていくことができる。

3章 特別支援が必要な子を学級集団に巻き込む授業設計

【本吉伸行】

1 運動量が少ないときどうするか

1 ねらい（焦点化）

ハードルや幅跳び、高跳びなどの授業では、設定できる場が少なくなり、それに伴い運動量も少なくなってしまう。しかし、特別支援を要する子どもは、特に一定以上の運動量を確保しなければ、できるようにならない。運動量を確保するためには、授業の工夫が必要である。第一に準備の工夫。第二に、個々の運動量を確保する工夫である。

2 苦手・つまずきの背景（視覚化）

ハードルや幅跳びなどの陸上運動で、運動量が少なくなる一番の原因が準備の時間である。一番ひどい場合は、準備の間中、子どもたちが座って待っているということもある。しかし、上記運動の準備は、なかなかすぐにはできない。特に特別支援の子どもには難しい。そこで、工夫が必要になる。

ポイントは、易から難へ、子どもたちが準備できるようにすることである。そのうえで、後は授業の流れに少しずつ工夫をする。準備の時間を短縮し、授業内容を工夫することで、特別支援の子どもや運動の苦手な子どもの運動量を確保することができる。

3 解決策（共有化）＜指導のポイント＞（ハードルの場合）

以下、ハードルの場合の実践例を示す。向山洋一氏の指導のポイントである。
①ハードルを3～4人で、1台だけ準備する。
②跳ぶ方向など、基本的なことを指導し、1台を何度も跳ばせる。
③ハードルの台数を2台、自由に置かせて、跳ばせる。
④人数を5、6名に変更し、ハードルを3台与える。

まず、ハードルを3～4人に1台だけ準備をする。このことにより、特別支援の子どもでも、準備ができる。

いきなり、複数のハードルを決められた場所に配置すると、準備に時間がかかってしまうが、これなら大丈夫である。準備時間を短くすることにより、運動量が確保される。

次に、1台を何度も何度も跳ばせる。特別支援や運動の苦手な子どもは、同じ動きを何度も繰り返すことが必要である。そうすることにより、運動量が確保される。これは、マットやボールゲーム等、他の授業でも同じである。基本的には、2人ないし、3人に1つの器具や場があり、繰り返し、練習できるようにすることで、運動量が確保でき、技能も向上させることができるのである。

まず1台。その後、グループ毎にハードルの台数を増やしていく。運動量を確保することができる。

【本吉伸行】

2 柔軟な単元構成をどうするか

1 ねらい（焦点化）

　特別支援を要する子どもにも、できる喜びを体感させてあげたい。しかし、割り当てられた、単元の時間の中だけでの指導では、どうしても限界がある。単元を重視しすぎると、特別支援の子どもにとっては、しんどい部分がある。柔軟な単元展開で、継続的に指導をするからこそ、特別支援を要する子どももできる喜びを体感することができる。

2 苦手・つまずきの背景（視覚化）

　子どもたちにとって、苦手意識があり、なかなかできるようにならないのが器械運動の領域である。特別支援の子どもにとって、苦手意識が強いのが鉄棒である。鉄棒は、長時間続けることが難しい。筋力的にも限界がある。しかし、単元を重視し、鉄棒だけで45分、5時間のような形の授業も見られる。

　すると、運動の得意な子は上達するが、特別支援の子どもは、やる気を持続させることが難しくなる。45分を5時間練習するより、10分を20回繰り返す方が上達する。柔軟な単元展開を行うことにより、特別支援を要する子どもにもできる喜びを与えることができる。

3 解決策（共有化）

　以下のように、授業開始は鉄棒というように決め、やることも決めてしまう。そうすることで、まずは得意な子。次に、中間層。そして、最後に運動が苦手な子や、特別支援を要する子どももできる喜びを体感できるようになる。

＜指導のポイント＞

①チャイムがなる前から、**鉄棒の練習を自由にしておく**。
②つばめ10秒。
③前回り5回（できない場合は、つばめ5回でよい）。
④足抜き回り5回（できない場合は、5回チャレンジする）。
⑤持久懸垂10秒（できない場合は、落ちても繰り返す）。
⑥逆上がり5回（できない場合は、5回チャレンジする）。

　高学年になってくると、できない場合、挑戦すらしなくなってしまう。こうなると、決して、上達することはない。できなくてもいいので、毎時間、その回数は挑戦しようということを伝えておく。

　そのうえで、できなくても挑戦していることをしっかりとほめるようにすることが大切である。

　上記のような指導と柔軟な単元展開の工夫で、特別支援を要する子どもにも達成感を味わうことができる。

【工藤俊輔】

3 はじめからムダな活動など削る

1 ねらい（焦点化）

授業時間は、ほとんど45分と決められている。体育では『運動量の確保』が求められる。ただ、用具の準備、片付けなどにより運動できる時間が限られてくる。そこで、できるだけ無駄な活動を削り、特別支援の子どもの運動量を確保していく必要がある。

2 苦手・つまずきの背景（視覚化）

ADHD診断の子がいる。その子にストレッチから始めるよう促すと、「なんで？ もっと動きたいのに」と言った。「楽しい」と感じたときに出るドーパミン。興味関心があること、好きなことなら、勉強やスポーツをする際にも分泌する。「楽しい・うれしい・夢中になる」運動を導入から行うことで、特別支援を要する子が生き生きとする。しかし、現状は以下のような指導が行われている。

①いきなりストレッチから始める。体育授業の始まり（特に冬）に、柔軟性を鍛えるためにストレッチを取り入れたとする。体温が低いときにストレッチをすると、筋肉が緊張してしまうために伸びにくいことが専門家によって明らかにされている（右図）。

②言葉だけで伝える。「サッカーの試合をします。ルールは……」と長々と説明をする。言葉だけの情報では伝わりにくい。

③集合のときに、いちいち整列させる（4列縦隊で集合など）。

④待ち時間が長く、運動量が少ない。

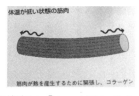

坂詰真二『やってはいけないストレッチ』（青春出版社）より引用

3 解決策（共有化）

上記問題点を解決する手立てを以下に記す。

＜指導のポイント＞

①ウォーミングアップ	②ルールは演示	③来た子から集合	④待たない

例）サッカー 準備運動からボールを持たせる。校庭中をドリブルするだけで身体が温まる。その後ストレッチをする。	例）ティーボール 代表チームに試合をさせ、1つずつルールの説明をする。ルールの理解がしづらい子にやらせるとよい。	例）全種目 集合させるときは来た子から座らせる。並ぶ時間を減らし、運動量を確保する。	例）短縄 「前跳び10回」などテンポよく指示。8割程度の児童が終わったら次の運動の指示を出す。

他にも、いきなり楽しい活動から始める。私はよく「鬼遊び」を行う。ルールも把握しやすく、誰もが汗びっしょりかく運動である。また、「誰もいないところに逃げることは、サッカーでフリースペースに動くことにつながります」と趣意説明をする。活動していることに「意味づけ」を行うことが大切である。

【工藤俊輔】

4 持久走と長距離走の違いは何か

1 ねらい（焦点化）

体育科における持久走は時間を決めて、「体力をつけること」「動きを持続する能力を高めるための運動」である。長距離走は距離を決めて、ひたすら走る運動である。持久走大会であるならば、「無理のない速さで5～6分程度の持久走をすること」（学習指導要領）と定められているが、問題は特別支援の子どもに長距離走は難しい。

2 苦手・つまずきの背景（視覚化）

毎時間のように走り、走行距離を意識させると、逆効果である。走行距離を意識するあまり、適当な省エネ走りを身につけてしまい、自分のもっているスピードを出せなくなる。走る量を増やしても質が低下しているのである。小学校段階で、ただ「走りなさい」と指示を出しても嫌いになるだけである。小学校体育における持久走に関する研究（「ランニング学研究」2010年）で上級生になるにつれて、持久走に対する否定的な意識が増加している。

また、持久走は、得意な児童にとっては肯定的な態度を形成するが、特別支援などの不得意な子どもにとっては否定的な態度を形成することに影響を及ぼしていることも明らかにされている。

3 解決策（共有化）＜指導のポイント＞

持久走では距離ではなく、走る時間を設定するとよい。

①鬼遊び	②○○にタッチ	③リズム太鼓

鬼遊びは、子どもが楽しく取り組める運動である。時間は1分程度で鬼を交代する。狭い空間であるほど、走り続けなければならない。鬼にタッチされたら校庭1周などするとゲーム性があって楽しめる。	「のぼり棒にタッチしたら戻っておいで」など指示を出す。 また、「鉄棒にタッチして、15秒ぴったりで戻ってきます」などペースを意識させると無理なく取り組むことができる。	リズム太鼓の音に合わせてランニングを行う。教師のたたく時間や回数によって子どもの走るペースが確定される。ランニング以外にもスキップやギャロップを取り入れていく。リズムが身体を動かしていく。

勤務校では持久走大会がある。次のような話をする。「持久走大会は、自分の記録を計る大会です。マラソン大会はタイムを競う大会です。○○小は持久走大会です。決められた距離を自分のペースで走り、記録が伸びればよいのです。誰を抜かす、1位をとるではなりません。過去の自分と比べます」違いをはっきりさせておくと、子どもたちが安心することができる。

【南　達也】

5 有効なグループ学習のつくり方

1 ねらい（焦点化）

体育のグループ学習の場面では、自分から友達とうまくかかわることができなかったり、進んで活動することができなかったりする子どもがいる。そのような子どもたちのために、お手本となる動きをする子やどうすればよいかを教えてくれる子がグループにいることが大切である。

2 苦手・つまずきの背景（視覚化）

①グループから離れて、ぶらぶらしている。
②グループでの運動で、**自分がうまくできないと、取り組まない。失敗すると止めてしまう**。

　①のグループから離れてしまうのは、声をかけて誘ってくれない、友達がいない、仲のよい友達がいない、何かと気に障る相手がいる場合が多い。

　②の取り組まなかったり、途中で止めてしまったりするのは、「うまくできない」「失敗した」ことを責める子どもがいたり、フォローしてくれる友達がいなかったりする場合が多い。

3 解決策（共有化）

＜指導のポイント＞

(1) 次のような子どもを同じグループにする

　①仲のよい子ども。
　②やることを教えてくれる子ども。
　③失敗しても、「ドンマイ」「大丈夫！」「一緒にやろうよ！　がんばろうよ！」と声をかけてくれる子ども。

(2) ペアからグループみんなでできる活動で組み立てる

　①風船バレー　　ペア→4人グループ
　②ボールパス　　ペア→4人回しパス
　③馬跳び　　　　ペア→4人グループ
　④縄跳び　　　　ペア前回し跳び→8の字大縄跳び
　⑤スキップ　　　ペアスキップ→4人スキップ→4人組じゃんけん

(3) **失敗したとき、みんなで声を掛け合う**

　例：プレルボールなどで1点得点したら、みんなでハイタッチする。または、「イエーイ」と声を掛け合う。

　例：大縄8の字跳びがひっかかったとき、みんなで「ドンマイ！」「ナイストライ！」と言う。

　例：ドッジボールでチームが負けたときも、友達に文句を言わない。

　失敗やうまくいかないときもプラスの言葉を言い合うことで参加することが増える。特別支援の子どもも自信をもってできるようになる。

【南　達也】

6 ペア学習をどうするか

1 ねらい（焦点化）

体育におけるペア学習は、2人の人間関係やコミュニケーション能力が大きく影響する。特別支援が必要な子を体育授業で巻き込んでいくには、どのようなペアを構成するかを特に配慮する必要がある。

2 苦手・つまずきの背景（視覚化）

①授業のはじめ、散らばっている子どもたちに「集合」と指示しても、遊んでいる。また、子どもたちが色団ごとに並んでいても、1人でぶらぶらしている。

②教師が運動を指示しても、「わからんわ、やりたくない」「どうせできんもん」と言って、取り組まない。

③ペアになるよう指示しても自分からペアを見つけようとしないでぶらぶらしている。

①で先生の指示があっても、またみんなが並んでいても、周囲を気にしないで行動する。

②の担任の指示は、できないことは嫌であり、人前でできない姿を見せたくないので取り組まない。

③のペアづくりは、自分からは友達を求めないので、1人でいることになるのである。

3 解決策（共有化）

＜指導のポイント＞

(1) ペアのつくり方のポイント

大事なのはペアのつくり方である。相性のよい子、面倒見がよい子、友達の行動の特徴を理解してくれる子をペアにする。ペアがよいと学習に参加するようになる。

相性のよい子というのは、よく一緒に遊んだり活動したりしている子である。特別支援が必要な子と似たような特徴や傾向をもっている場合が多いので、進んで教えたり活動を促したりしてくれる。面倒見がよい子は、「次は○○をするんだよ！」「△△を準備しなくてはいけないから、取ってこようね！」などと、特別支援が必要な子の世話を進んでしてくれる。

(2) ペアでの活動の進め方

①授業のはじめ、色団またはグループの子どもが呼びに行く。連れてきて一緒に並ぶ。ここで教師がほめる。これだけで集合時に並び、ふらつきがなくなる。

②ペアの運動から始める。例えば、ボール運動ならパス練習から始める。縄跳びなら、ペア前まわし跳びから始める。また、手つなぎスキップから始める。

③話がわからないとき、後でペアの子どもに質問するよう伝える。わからないときは、ペアの子どもが運動の仕方を教える。

④どうしてもわからないときやできないときには、教師がペアになって動くようにする。子どもは教師の動きをまねしてできるようになっていく。

【増田香代子】

7 授業に参加できない子のSOSをどうするか

1 ねらい（焦点化）

体育の授業が始まっても、集団に入らない子、または活動が始まっても動きがとまってしまう子がいる。そのような子は1人1人が異なる「困難さ」を抱えている場合がある。その子に合わせた支援で体育の授業に巻き込んでいくことが大切だ。

2 苦手・つまずきの背景（視覚化）

感覚にはさまざまな種類がある。視覚、聴覚などの「五感」。これらの感覚から入ってくる刺激は全て感覚情報となり、脳に送られることで脳の成長が促される。その一方で、自覚しにくい3つの感覚がある。

触覚……自ら触る（アクティブタッチ）と触られている感じ（パッシブタッチ）がある。
固有覚……筋肉や関節の動きを詳細に感知する感覚。力加減をするのが難しい。
前庭覚……バランス感覚。姿勢の維持や目の動きのコントロールなどにかかわっている。

この3つの感覚にトラブルがあると、運動に困難さが生じる。また、他にも、ものごとの理解（認知）やコミュニケーションの発達に遅れがある場合もある。

3 解決策（共有化）＜指導のポイント＞

(1) 見ていることも学習ととらえる

運動会のときに、ダンスの練習などに参加しなかった子が、本番ではちゃんと踊れていることがある。これは脳にあるミラーニューロン※を働かせ、イメージトレーニングがされているからである。充分なイメージができてから活動に参加させる

と自信をもって取り組むことができる。そのうえで、やることを明示した紙を貼ったり、待つ場所をフラフープで示すなどの視覚支援を行う。

(2) 楽しい活動で巻き込む。「**敗者復活しっぽとりゲーム**」は友達に助けてもらったり、友達を助けたりという集団遊びのスキルを身につけることができる。

【準備物】スズランテープやはちまき・取ったしっぽを入れるかご2つ
【やり方】①スズランテープをズボンにはさみこむ。出ている部分は30センチくらい。
　　　　　②しっぽ取り競争をする。取ったしっぽは自チームのかごに入れる。
　　　　　③しっぽを取られた子は自分のチームのかごにあるしっぽをつけて復活する。

※ミラーニューロン……他者の動作を見るだけで、自分が動作を遂行していないにもかかわらず、脳内においてその動作を遂行しているかのようにシミュレーションする神経細胞。

＜参考文献＞坂本龍生・花熊　暁『新・感覚統合法の理論と実践』（学研）

【増田香代子】

8 協調運動が苦手でも活動量を保証する運動遊び

1 ねらい（焦点化）

特別支援が必要な子は、ボディーイメージ※がもてない、協調運動が苦手、視知覚の障害※などの困難さを抱えている。道具にこだわらない楽しい活動をたくさん行うことで、満足感を与えるとともに運動能力を高めていくことができる。

2 苦手・つまずきの背景（視覚化）

ドッジボールやキャッチボールで、投げるのも受け取るのも苦手、という子がいる。動作ののみこみが遅く、見本を示してもその通りにできないことがある。ボディーイメージが未発達なので、体の動かし方や自分の体の大きさが理解できていないためである。このような場面で、何度も同じ練習だけを行っていても、なかなか成果が出ず、ボールでつき指したり、受け損なったボールを取りに何度も走ったり……ということを繰り返し、成功体験を積ませることが難しい。風船を使った体ほぐしは、楽しく活動量を保証することができるのでおすすめだ。

3 解決策（共有化）＜指導のポイント＞風船を使った体ほぐし指導バリエーション

①風船キャッチ

　投げ上げてキャッチ・高い所で・床すれすれで・頭の上で・背中で

②風船リフティング

　低く・高く・片手・両手で・色々な所で・道具を使って（新聞紙でつくったバットなど）

③ペアで

　パス・ラリー・投げ上げて同時キャッチ

④グループで風船送りリレー

　グループで風船を打ちながら目標物まで移動し、もどってくる。

風船の動きはゆっくりなので、ボールの動きに合わせた運動を組み立てる時間的な余裕が生まれる。視知覚の弱い子にとっては、眼球運動のコントロール力を高め、追視の機能を育てることもできる。カラフルな風船を使って、どの子も楽しく活動できる運動遊びである。

※ボディーイメージ……体を動かしている実感。
※視知覚の障害………対象との距離感がつかめないなど、目から入った情報を脳内でうまく処理できない状態。

【駒井隆治】

9 教師の世界によくある、おかしな発言をどうするか

1 ねらい（焦点化）

　子どもが運動ができなかったとき、教師が「この子は運動神経がないから仕方がない」と言うのを聞いたことがある。しかし、それは、不勉強な自分を告白しているようなものである。できない原因を探り、どうやったらできるようになるかを考えることが教師としてのミッションであり、プロ教師の腕の見せどころである。

2 苦手・つまずきの背景（視覚化）　思考停止を乗り越えた実践を

　例えば、体育の技ができない子に対して、教師は、次のことをよく言う。
「運動神経がないから技ができない」「発達障害があるからコミュニケーションがとれない」
　このようなラベル付けをすると、次のような「循環論」に陥る。つまり、思考停止である。

　　なぜ、運動ができないのか？⇒発達障害があるから⇒なぜ、発達障害があると思うのか？
　　⇒運動ができないから⇒なぜ、運動ができないのか？⇒……

　むしろ「運動ができない」という原因の究明と対策こそ大切なのである。発達障害のある子どもの多くは、基礎感覚・基礎技能が身についていないのである。
　故高畑庄蔵氏は、養護学校の縄跳びができない子どもに「フープとびなわ」を考案し、指導した（『フープとびなわでなわとびは誰でも跳ばせられる』明治図書1989）。ここには、脳性まひを含む生徒が縄跳びができるようになるまでの実践が報告されている。

3 解決策（共有化）　＜指導のポイント＞基礎感覚づくり・基礎技能づくりを

　運動ができるようにする指導のための第一歩は、できない原因を把握することに尽きる。前述の高畑氏は、縄跳びができないのは、「手首を回す」＋「跳ぶ」を同時に行う協応動作を身につけていないことに原因があると診た。その後は、その技能を身につけるためにスモールステップでの指導を行った。基礎感覚を身につけさせ、次に「バシットン跳び」「クルットン跳び」という基礎の技を繰り返し指導した。その結果、ついに縄跳びが1回跳べるようにした。
　根本正雄氏は、例えば、鉄棒の逆上がりに必要な基礎感覚・技能をあげている（『わかる・できる「根本体育」の基礎・基本』明治図書 2005 p.13-14）。
　　基礎感覚…「逆さ感覚」「腕支持感覚」　　基礎技能…「上方移動」「後方回転運動」
　根本氏は、この2つの運動を別々に指導する。まず、「段階別台付き鉄棒（6段階）」で、跳び箱3段に踏み切り板を斜めに掛けるところから始める。これで後方回転運動を助ける。だんだん段を減らし、上方移動の練習をさせた。これに、さらに「くるりんベルト」（販売：東京教育技術研究所）を加えるとさらに効果があった。
　実践者として高畑氏や根本氏が優れているのは、子どもができない原因を見極めてスモールステップで指導を行った点にある。特別支援の子どもには、適度の刺激を与えることで脳のシナプスがつなげるように指導するとよい。これは、最近の脳科学の研究成果でもある。

【駒井隆治】

10 やりすぎに注意、運動会の練習をどうするか

1 ねらい（焦点化）

　全国的に運動会の表現・ダンスの練習に時間をかけ過ぎである。私は、10時間を越えたら黄信号であり、15時間を越えたら赤信号だとみなしている。6時間程度で完成する内容とすべきである。それには、特別支援の子どもの自尊感情を高め達成感が得られるスモールステップでの指導が望ましい。

2 苦手・つまずきの背景（視覚化）　「表現」の練習に必要な達成感

　運動会は、派手で目立つ学校随一の行事である。子どもたちの士気が上がる絶好の機会であり、教師にとっても指導の見せどころでもある。

　しかし、教科の教育活動という面からみると、次のような問題がある。

　学習指導要領に示された学習内容の指導が貧弱になる。

　原因は、明白である。運動会の練習時間が多過ぎることにある。体育の授業時間は年間90時間である。例えば運動会で15時間使うと残りは75時間である。これでは、学習指導要領に示されている学習内容を十分に実施できない。「表現・ダンス」の練習時間には、特別支援の子どもたちにも達成感をもたせ、自尊感情をもたせる指導が必要である。

3 解決策（共有化）　＜指導のポイント＞4時間でできる「向山式阿波踊り」指導に学べ

　根本正雄氏は、運動会のねらいを見直し、練習時間の削減を実現した。そのきっかけは、帰国児童が「どうして5分しか演技しないのに1時間も練習しなければならないの？」という言葉にあった、という。この子どもの感想は、特別支援の児童にも共通する気持ちであろう。

　向山洋一氏による「向山式阿波踊り」指導では、次のような段階で4時間指導する。

　第1時　足の動きをする　　　第2時　がに股で歩く
　第3時　手の動きをつける　　第4時　顔の表情をつける

　このような「1時間で1視点で評定する」ことで、特別支援の子どもにも動きがわかりやすくなる。そして、どの子も達成感をもつこともできる。

　これを毎時個別評定して、最後には全員達成させる指導法である。

　例えば、第1時では「足の動きがスムーズにできたかどうか」だけに限定して2点満点で評価する。4人ずつさせ、「2点、1点、1点、2点」という具合に素早く評定する。2点で合格。

　第2時では、この動きに加えて「がに股で歩く動き」を加える。今度は4点満点で評定する。

　このようなやり方で、毎時間全員を合格させる。

　特別支援の子どもには、計画を示し、ほめ続ける指導を行うことが大切である。

　これは、向山洋一氏の『授業の原則十カ条』の「一時に一事の原則」「簡明の原則」「細分化の原則」に則っている。それは、脳科学でいう「セロトニン」分泌を促す指導でもある。

　特別支援の子どもたちの運動会の練習は「明瞭に、具体的に、短く」あるべきである。

体つくり

【大恵信昭】

| 学年 | 3〜4年生 | 所要時間 | 10時間程度 | 準備物 | 下に敷くマット　CDデッキ |

1 【ヨーガ】姿勢が崩れてしまう―ヨーガを入れよう

●特別支援が必要な状況

1 ねらい（焦点化）

　ヨーガ運動は、ココロとカラダとコキュウを調えることができる。本人の状態にあわせて無理なく行うことができ、特別支援の子どもにとっても優しい。そのままの姿勢をほめることもでき、お互いのよさ、向上を認め合うことができる。仲間意識を育てるにも格好の運動である。

2 苦手・つまずきの背景（視覚化）

　ヨーガ運動は指導者と同じように動くのが一番やりやすい。動きや、左右の順番などは少々違ってもよい。毎回、ある程度一定の流れで行うと子どもたちも見通しをもちやすい。

①集まった人から、手足を動かす。

②指導者にあわせて全身のひき伸ばし。

③バランスのポーズでカラダとココロを調える。

④床に腰をおろして前屈のポーズ。

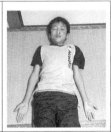
⑤完全弛緩のポーズで3分程休み、次のポーズ。

　この中で子どもたちが一番難しさを感じるのが、左右の動きである。言葉だけでは、どちらから始めたらよいのかわからなくなったりするが、あまり気にしなくてよい。順番はあまり意識せずに片方やったら、もう片方すればよいと伝えると安心する。

　ヨーガ運動のよさは、こうしなければならないということがほとんどないというところだ。特別支援の子にとっても、優しい運動であり、自然と姿勢も改善されていく。

3 解決策（共有化）

①シンプルな動きから始める。
②バランスのポーズを入れる。
③教えてほめる。

　特別支援を要する子どもは、初めての活動を非常に不安に思い、取り組みにくくなる場合がある。初期抵抗という。あれこれ説明すると理解することが難しく、ますます不安が募っていく。とにかくシンプルな動きから始めていくのがよい。

　不安を取り除くためのポイント。それはほめることである。やり

方を示して、同じようにしようとしていたらほめる。ほめ言葉をシャワーのように浴びせていくことで、必ず動きがダイナミックになっていく。中盤以降にバランスのポーズも入れていく。やや難易度はあっても、スムーズに取り組め姿勢も改善される。

4 バランスのポーズで姿勢を改善する

姿勢の改善のために最も重要なポーズである。やさしいポーズから次第に難しいポーズを行っていくとよい。友達の動きも見ることができ、優れた人をほめていく。自然と仲間意識も育ち、温かい雰囲気になっていく。

＜方法＞やしの木のポーズ
①胸の前で手の平をあわせる。
②そのまま上に伸ばしていき、かかとをあげる。
③手の平を前に向けて、姿勢を止める。
④笑顔でしばらく持続する。
⑤先ほどと逆の動きで元に戻る。
　他、かかし、たち木のポーズなどがある。

5 前屈のポーズで、背筋から足腰を調える

前屈のポーズは、床に腰を下ろし、身体を前にかがめていく。混乱しやすい、左右の動きがなく、特別支援の子にとっても取り組みやすい。またダウン症の子どもは筋弛緩の特性もあり、大いに得意にしている。ほめることで自己肯定感もアップできる。姿勢でもっとも重要な背筋から足腰を調えることができる。

＜方法＞
①床に腰をおろして、足を伸ばす。
②足の指をもつ。足首でもひざでも届くところでよい。
③顔をひざの方に向かって倒し、しばらく持続。
④先ほどと逆の動きで元に戻る。
　次に片足開脚、両足開脚なども行っていく。

6 完全弛緩のポーズ

ヨーガ運動は、身体を動かした後、休憩の時間がある。これが完全弛緩のポーズであり、ココロとカラダとコキュウが調えられる。短時間であっても必ず入れていく。

＜方法＞
①天井の方を向いて、仰向けで寝る。
②足を腰幅に開き、腕もだらりと伸ばす。
③手の平を開いて、天井の方を向ける。こうすることで、肩から先の力も抜けていく。
④目を閉じて3分から5分程度休む。

　静かな音楽もかけながら、楽しく温かな雰囲気の中で、姿勢の改善を図っていくとよい。

体つくり

【原田朋哉】

| 学年 | 3～4年生 | 所要時間 | 6時間 | 準備物 | なし |

【逆立ち】
2 逆立ちになれない－恐怖心を除くステップ指導

●特別支援が必要な状況

1 ねらい（焦点化）

　特別支援を要する子の中には、「失敗体験にとらわれやすい」という特性がある。だからこそ、初めてのことに挑戦して失敗すると、その後「もう絶対しない！　自分はダメなんだ！　できないんだ！」とゼロ思考になってしまうことがある。そういった失敗体験をできる限り積ませないために、逆立ちができるには、段階的な指導が必要である。さらに、失敗させないような小さなステップが必要になってくる。「できた」という成功体験の連続から、意欲を継続させながら、逆立ちができるようにしていく。

2 苦手・つまずきの背景（視覚化）

　特別支援を要する子の中には、正しい姿勢を保つのが難しいことがある。例えば、「背中が曲がっている」「肩の位置が左右違う」「体が傾いている」などが見られる。立位姿勢には「あごが突き出ている」「肩や胸部が前かがみ」「腰が反っている」「ひざが曲がっている」「ひざが反り返っている（反張）」「上体が前倒し」「重心が左右どちらかに傾いている」「力んで立っている」「静止した立位が難しい」という項目が見られる。これらの動きは、逆さ感覚（逆さになる感覚）や腕支持感覚（肩や腕で体重を支える感覚）、体幹の締め感覚（体幹や四肢に力を入れる感覚）が培われていなければできるようにならない。

3 解決策（共有化）

①必要な感覚づくりを細分化して教え、そしてすぐにほめる。
②「できた」「できた」の連続で意欲を継続させる。
③友達と協力することで、喜びを共有させることができる。

　日常生活で逆さ姿勢になることは、ほとんどない。同様に、腕で自分の体重を支える経験もあまりないため、体育授業でしか経験しない子も多く、最初はできなくて当たり前と考える。いきなり無理をして完成形を目指すと、体が動揺して、思うように動かすことができない。

　ただ、細分化して友達と補助をし合いながら運動することで、すべての子どもができるようになるのが、壁逆立ちである。

　壁逆立ちは、思うように体を動かすために必要な基礎感覚を1つの運動でたくさん培うことができるとても大切な運動である。小学校卒業までに全員達成を目指したい。

4 初期感覚づくり

①カエルの足打ち・カエル逆立ち

　手をしっかり開いてつき、手と手の間を見続けることが大切である。カウントして記録を伸ばすようにさせると意欲が続く。

②よじ登り逆立ち

肋木を使って少しずつさせるのが大切である。できたら、おなかを引っ込めた姿勢で、10秒間保つことができたら合格である。安定してできるようになってきたら、少しずつ壁にお腹を近づけることに挑戦させる。

これらの運動も片手でできるようにしたり、じゃんけんを使ってゲーム化したりすると楽しくできてよい。

逆立ちの指導までに、できれば低学年のうちに手押し車や前転・後転の練習を繰り返しやっておくことも大事である。

5 基礎感覚づくり

逆立ちが苦手な子どもには、恐怖心がある。下にマットを敷いた状態で、始める。

次に、頭つき逆立ちから始める。さらに、苦手な子どもには教師が補助について、両足を引っぱりあげ、逆立ち完成の状態をつくって、そこから下りる動作から始めるのがよい。

①頭つき壁逆立ち

壁に近いところに頭頂部をつけ、頭のてっぺんと両手で三角形をつくるように両手をつく（このとき、頭をつけた状態で両手を目視すると、三角の形に位置取りできているかが自分で確認できる）。

尻をあげて壁に背中を近づけてから、両足を静かに上げてダンゴムシの姿勢になる。

余裕があれば、ゆっくりと足を上に伸ばしていく。10秒間姿勢を保てたら合格とする。

②引っぱり逆立ち

頭つき壁逆立ちの状態から足をひっぱり上げて壁逆立ちの姿勢にしてあげる。10秒間姿勢を保てたら合格。

6 運動づくり

はじめは、教師が補助をして、慣れてきたら、徐々に子ども同士ペアで補助をさせると、仲間意識を育てることもできるし、テクニカルポイントを復習し合うことで学びが深まる。

①壁逆立ち

立った姿勢から勢いをつけて着手し、床を蹴り上げる。両足を壁につき、棒のようにまっすぐ壁によりかかる。

しっかりと手と手の間を見て体幹からつま先まで締めることで、きれいでかっこいい壁逆立ちができる。

補助は、最初に上がってくる足（はじめの状態で伸ばしている方の足）の太腿の側に、立てひざで座って構える。最初に上がってくる太腿を支え、壁にくっつけるともう片方の足も上がってくる。はじめは、教師が補助して、慣れてきたら、子ども同士で補助をさせる。

②逆立ち

手をつく位置を壁から少しずつ離していき、徐々に壁がなく友達の補助だけでできるようにさせる。最初のうちは、真反対に倒れるとお尻を打って痛いので、少し体をひねりながら倒れる練習もさせておくとよい。片方の手に体重を移すことで、自然に体をひねることができる。

体つくり					【角家　元】
学年	1～2年生	所要時間	1時間	準備物	マット・ケンパー

3　【うさぎ跳び】初期感覚を育てる運動遊び

●特別支援が必要な状況

1 ねらい（焦点化）

特別支援の子どもは、正しいうさぎ跳びができない。正しいうさぎ跳びは、手－足－手の順につく。手をつくときには、足は床から離れていなくてはいけない。足をつくときには、手は床から離れていなくてはいけない。「トン、パッ」のリズム言葉を使って、正しいうさぎ跳びができるようにする。

2 苦手・つまずきの背景（視覚化）

うさぎ跳びができないのには、いくつかの理由がある。しかし、それを言葉だけで説明しても子どもには伝わらない。そこで、絵に描いたり演示したりして、イメージをもたせる。

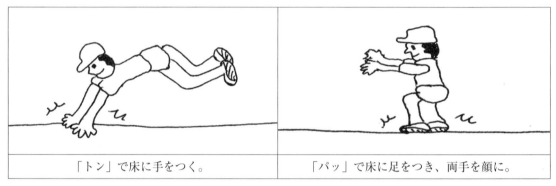

「トン」で床に手をつく。　　　「パッ」で床に足をつき、両手を顔に。

3 解決策（共有化）

(1)　小マットを跳び越えさせる

小マット（幅90cm）を使い、うさぎ跳びをさせる。子どもには次のように言う。

> うさぎ跳びの練習をします。小マットを跳び越えたら合格です。

練習する中で、跳び越せる子と跳び越せない子が出てくる。跳び越せる子に実際に跳ばせて、気づきを発表させる。跳び越した子には、何に気をつけているかを発表させる。その後、着手角度が大きい方がよいことに、子ども自身に気づかせる。着手角度とは、図のものである。

(2) 跳ぶときの目線に着目させる

　もう1つ子どもに気づかせたいことがある。それは跳ぶときの目線である。
　次の発問をするとよい。

> 発問　跳ぶときは、どこを見ますか。
> 　　　①手もと　②マットのはし　③正面の壁、の3つを実際に跳んで確かめなさい。

4 初期（基礎）感覚づくり

　うさぎ跳びをいくら練習しても、その技能を支える基礎感覚が身についていないと、いくら練習してもできるようにはならない。逆に言えば、基礎感覚が十分に身についていると、技能の上達が早い。そこで、毎時間、以下の基礎感覚運動づくりを行う。

| 壁倒立 | 足打ち | ステージ跳び降り | 片足バランス | 輪跳びケンパー | 壁のぼり倒立 |

5 運動づくり

　小マットを跳び越せるようになったら、以下のように場づくりを工夫し、さまざまな練習を行う。

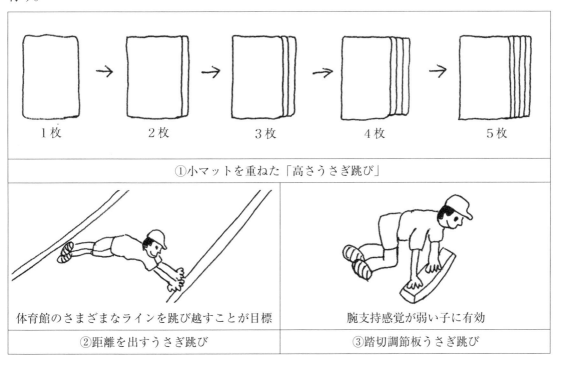

4章 「体つくり運動」苦手徴候と克服する指導ポイント　43

体つくり

【市島直子】

| 学年 | 1～2年生 | 所要時間 | 10分 | 準備物 | なし |

4 【鬼ごっこ】鬼遊びができない

●特別支援が必要な状況

1 ねらい（焦点化）

　特別支援の子どもも鬼遊びが好きである。さらに、鬼遊びが楽しくできるようにするためには、ルールを理解したり、友達と仲良くできるようにしていく。簡単なルールから、次第に工夫したルールにしていく。また、友達とのかかわり合いがスムーズにできる工夫をする。

2 苦手・つまずきの背景（視覚化）

　鬼ごっこができない理由はいくつか考えられる。以下のように、機敏に動くことができない身体的な理由や、仲良く鬼ごっこができないコミュニケーションにかかわる理由などがある。

①ルールを理解できない。　②すぐに捕まる。　③特定の子どもだけ追いかける。
④タッチされるとおこる。　⑤タッチが強すぎる。　⑥やる気が起きない。

3 解決策（共有化）

①簡単なルールの鬼ごっこ、少人数の鬼ごっこから始める（ルールがわからないときは見学してよい。理解したら参加する）。
②鬼がわかるようにビブスを着たり、帽子の色を変えたりする。
③タッチする力の加減やタッチする場所を確認する。
④鬼にタッチされても怒らないソーシャルスキルを教える。

・タッチしたか、しないか意見が違ったらじゃんけんで決める。
・捕まったときに言う言葉「悔しいなあ」「次、がんばろう」等を決める。
⑤教師が一緒にやり、追いかけたり、逃げる場所を教えたりする。

4 初期感覚づくり（押し相撲）

①2～4人グループになって輪になる。
②お互いに押し合う。床についている足が動いたら負け。

　この動きをすることで、友達と接触することへの抵抗を減らす。また、タッチするときの力の加減を学習する。

5 基礎感覚づくり（向かい合い鬼ごっこ）

　2人組で、お互いの手が届くか届かない距離で向かい合う。お互いにタッチするように腕を伸ばしたり、体をよけてタッチを避けたりする。

　この動きをすることで、機敏な動きを学習する。

6 運動づくり（複数の鬼ごっこを短時間で行う）

　45分の授業では、導入で3種類程度の鬼ごっこを1～2分ずつ行う。

> 例　①手つなぎ鬼
> 　　　苦手な子が鬼になったら教師と手をつないで一緒にやる。一緒に走りながら、追いかける人の名前を言って追いかける。
> 　　②線ふみ鬼ごっこ
> 　　　体育館の線の上を逃げる。
> 　　　線の上を走るため、逃げる場所が限定される。偶然、鬼がはさみうちにして捕まえることが起こる。
> 　　③氷鬼
> 　　　捕まったときのポーズを変えたりすると盛り上がる。

　1つの鬼ごっこが終わったら教師のそばに集合させる。そのとき、いい動きをしていた子を立たせてほめる（よける速さが素晴らしい！　足の速い○さんを、がんばって追いかけた！　「タッチした、しない」で意見が違ったらすぐにじゃんけんをしていた！　氷鬼でたくさん捕まったり逃げたりしていた！　など）。

4章　「体つくり運動」苦手徴候と克服する指導ポイント

体つくり

【川口達実】

| 学年 | 1〜6年生 | 所要時間 | 2時間 | 準備物 | マット |

5 【ブリッジ】
「わらべうた」でブリッジができる

●特別支援が必要な状況

1 ねらい（焦点化）

特別支援を要する子のなかには、ブリッジの着手の向きや体を反らせる動きが苦手な子がいる。床に敷いたマットから指導を始めるのではなく、立った状態からわらべ歌にあわせて動作化することで、手のつき方、着手の位置、体の反りを習熟できる。上体を持ち上げる指導は、その後にすると、ブリッジの動きを身につけやすくなる。

2 苦手・つまずきの背景（視覚化）

ブリッジの頸反射による動きは、次の3つの点が容易ではないと考える。

①体を反り返ることができない。それは、ゆりかごや前転で、顎をしめてへそを見る運動の経験が多く、顎を開いて体を反る運動の経験が少ないからと考える。

②手の向きが反対になる。
そのため、肘を伸ばして体を高く持ち上げることが難しくなる。

③上方に体を持ち上げられない。
両腕・両足を伸ばして腹を上方へ上げる動作は、初期段階では容易ではない。

3 解決策（共有化）

ブリッジをわらべ歌「なべなべ底抜け、底が抜けたらかえりましょう」で教える。

①体が反る感覚を身につける。
②わらべ歌にあわせて、体が反る動きを習熟する。
③わらべ歌にあわせて、着手の向きを習熟する。
④わらべ歌にあわせて、腕が伸びた状態で体を反る動きを習熟する。

4 初期感覚づくり

①背中合わせシーソー、②ペアで体反らしタッチ、③体を反らしてボール送り。

④わらべ歌にあわせて、ペアで向き合ったり背中合わせになったりして交互に反転する。

5 基礎感覚づくり

①指示「壁に向かって、両手をつけます。両手は、頭より少し高い位置につきます」。歌「なべ なべ 底抜け」で、壁に両手をつけたまま交互に動かして、体を反転する。このとき、手の指先が下を向いているか確認する。また、「へそが前に出ているか（体が反る）」確認する。この2点ができていない子どもには個別に教える。「底が抜けたら かえりましょう かえりましょう」で、また反転して元に戻る。

②「なべ なべ 底抜け 底が抜けたらとまりましょう とまりましょう」で、4拍分壁に両手をつけて止まる。

「かえりましょう かえりましょう」で元に戻る。

③「なべ なべ 底抜け（反転）、底が抜けたら さがりましょう さがりましょう」で、壁についた両手を交互に2拍分下方へ動かす（右図1）。

「かえりましょう かえりましょう」で元に戻る。

（図1）

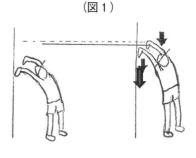

④「なべ なべ 底抜け（反転）、底が抜けたら さがりましょう さがりましょう」で、両手を2拍分交互に動かして下がる。

この後、「上がりましょう 上がりましょう」と歌を付け加える。両手を2拍分上方へ動かして、元の高さまで上がる（右図2）。

「かえりましょう かえりましょう」で元に戻る。

（図2）

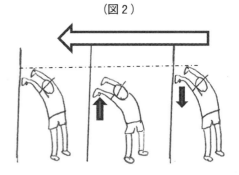

6 運動づくり

(1) 壁に背中を向けて立つ

両手を天井に向けて、バンザイをする（右図3）。後方へ反り返るようにして壁に着手する。このとき、怖がる子には、ペアの人が背中を支えながら後方へ倒れる補助をするとよい。

体が反った格好のまま5秒数える。

（図3）

発問　ブリッジのとき、どこを見たらやりやすいですか。

「頭の後ろの壁を見る」ことを教える。

この後、手の位置（耳の横か少し上）を教える。

(2) 床のマット1枚でブリッジ

①仰向けになり、両ひざを立てる。
②両手をついて、へそを上に上げる。

4章　「体つくり運動」苦手徴候と克服する指導ポイント　47

体つくり

【平山勇輔】

| 学年 | 1～2年生 | 所要時間 | 1時間 | 準備物 | ケンステップ　サイコロ |

6 【ケンパー遊び】
音韻意識を育てるケンパーの運動遊び

●特別支援が必要な状況

1 ねらい（焦点化）

特別支援を要する子のなかには、文字を読んだり、書いたりすることが苦手な子がいる。その理由の1つとして、「音韻意識」の未発達さがあげられている。「音韻意識」を育てる感覚遊び・運動遊びという視点から跳躍運動の実践を中心に紹介していく。

2 苦手・つまずきの背景（視覚化）―「音韻意識」とは

言語聴覚士の鈴木美佐子氏は「音韻意識」について、次のように述べている。

> 「音韻意識（Phonolojical Awareness）」とは、文を構成している各単語、各単語を構成している「音」を認識し、また音の操作によって単語、そして文を構成することを理解する力

通常は5～6歳ぐらいで子どもは音韻意識を身につけ、1つの音と1つの文字を対応させながら、ひらがなが読めるようになり、やがて文字が書けるようになっていく。しかし、音韻意識が十分に育っていないと、文字を読んだり書いたりする能力に遅れが見られるようになる。

3 解決策（共有化）

(1) 「音韻意識」を育てる昔遊び

音韻意識を育てるような感覚遊びは、昔からたくさんある。例えば、「あっちむいてホイ」である。リズミカルにジャンケンをし、「ホイ」という「音」にあわせて、ジャンケンに勝った方は「指さし」、負けた方は「顔を振る」という動作を同時に行うことは音韻意識を育てるのに効果的な遊びである。他にも、ジャンケンをして、「チョキ」で勝ったら「チ・ヨ・コ・レ・イ・ト」と言いながら目的地まで先に到着する遊びも、音と動作を連結した遊びでもある。この遊びの優れた点は、「長音」も「1音」として認識して、動作化している点である。

(2) 感覚統合の視点から「音韻意識」を育てる運動を分析する

> 小学校4年生のある児童。書く文字が整わない。うまく言語化できず、何を言えばよいのかわからない。単語レベルで言うときも多い。

上記は、児童の様子の一部分を抜粋したものであるが、音韻意識が未発達であることから、話し言葉や書き言葉に遅れが見られることが予想される。この児童に対し、作業療法士の福田恵美子氏は次のような対策を述べている（『教育トークライン』誌No466）。

> 跳躍運動を「本人に合わせたレベル」で取り入れるのが効果的だ。筋肉の緊張状態が高まることで、身体軸が安定し、協調動作が促進できるからである。「本人に合わせたレベル」というのは、例えばジャンプする場合、①その場で両足同時にジャンプする　②リズミカル

48

に繰り返し行う　③大きな声で回数を唱えながら、音声と動作を同時に行う

(3) ケンステップすごろく遊び

【準備物】ケンステップ・サイコロ
【やり方】①ケンステップを20個並べる。
　　　　　②サイコロを振って、出た目の音数の言葉を言いながら跳ぶ。

　サイコロの目が3であれば、3つの音の言葉（例えば「り・ん・ご」）を声に出しながらケンステップを渡っていく。言葉がすぐに出てこない児童がいる場合は、最初に言葉をたくさん集めて黒板等に書いておくとよい。

歩いて渡る

両足跳び

片足跳び

　慣れてきたら、「歩いて」→「両足跳び」→「片足跳び」というように難易度を上げていく。感覚統合の観点から、福田恵美子氏が述べるように必ず「大きな声を出しながら、音声と動作を同時に行う」ことを意識させるとよい。声を出しながら跳ぶことで、音韻を体全体で感じることができるようになる。また、両足跳びや片足跳びにすることで、バランス能力や両側統合（手や足の協調して使うこと）の力を育てることができる。これは、体のかたむきや空間認知にかかわる脳の「前庭覚」を刺激した感覚運動でもある。

(4) シンクロケンパー

【準備物】ケンステップ
【やり方】①ケンステップ4列並べる。
　　　　　②横隣とシンクロしながらケンパーをする。
　　　　　③縦1列になってシンクロしながらケンパーをする。

　最初は、2人ペアで行い、慣れてきたら横4人でシンクロケンパーを行う。シンクロさせることによって、必ず子どもが声を出してタイミングを揃えるように工夫するようになる。「大きな声を出して、動作を揃える」ことで、音韻を感じることができるようになる。全員揃ったときの達成感を得られる運動である。

4章　「体つくり運動」苦手徴候と克服する指導ポイント　49

5章 「マット運動」苦手徴候と克服する指導ポイント

マット運動

【小田原誠一】

| 学年 | 1〜2年生 | 所要時間 | 6時間 | 準備物 | マット　跳び箱 |

1 【マット運動】腕で体が支えられない

●特別支援が必要な状況

1 ねらい（焦点化）
　腕で体を支えることができない特別支援の子どもには、どのような指導をすればよいのか。視線に注目させることで、腕で体を支えることができるようにする。

2 苦手・つまずきの背景（視覚化）
　1年生のマット運動で、特別支援の子どもの中に気になる動きがある。腕で体が支えられない。

　特別支援の子どもが、腕で体を支えられないのは、次のことに原因がある。

①指が開いていない

②すぐに頭をつこうとする

3 解決策（共有化）
①指を開いて、マットに手をつくには、腕に体重がかかる運動をさせる。
②すぐに頭がつかないように、上体を高い位置にさせる。
③Bのように、視線を上げると、より大きく腕に体重がかかる。

A　視線を落とす

B　視線を上げる

50

4 初期感覚づくり

①腰が低く、視線が落ちている「いぬあるき」から腰が高く、視線の高い「くまあるき」へ。
②この順番で運動し、腕にかかる体重を増やしていく。
③毎時間、最初にこの運動を取り入れていく。

5 基礎感覚づくり

①「アザラシあるき」は、視線の高い動きで、腕に体重がかかる。
②「シャクトリムシ」は、視線を上げたり、下げたりしながら、腕に体重をかけていく。
③特別支援の子どもには、実際にやって見せながら指導する。最初は教師の真似をさせていく。

6 運動づくり

①「かえるのあしうち」も視線を上げることで、前に倒れなくなり、安定してできるようになる。
②視線が下がれば、倒れて、背中をマットで打ってしまい、この運動に対しての恐怖感が生まれる。
③特別支援の子どもも視線を上げることで、安心して運動することができるようになる。
④「かべのぼりさかだち」も視線を上げることで、バランスが取れて、できるようになる。
⑤「視線を上げること」で、腕に体重がかかり、指を開いて体を支えることになる。
⑥「視線を上げる」ために、視線の先に体操帽子などの目印になる物を置いておくといい。
⑦「視線を意識させること」で、特別支援の子どもも腕で体を支えることができるようになる。

マット運動

【伊藤篤志】

| 学年 | 1～2年生 | 所要時間 | 3～4時間 | 準備物 | マット　傾斜マット |

2 【後ろ回り】
恐怖心が強く、後ろ回りができない

●特別支援が必要な状況

1 ねらい（焦点化）

　日常生活において、後転の動きをすることはほとんどない。恐怖心の原因である「感覚の問題」や「運動面の問題」にアプローチすることで、安心感をもたせたり刺激の受け入れを改善したりすることができる。後転グループの中で最も基本的な後転の習熟度を高めることで、開脚後転や伸膝後転の習得ベースをつくることができる。

2 苦手・つまずきの背景（視覚化）

①感覚過敏・回避（感覚の問題）……刺激に過剰に反応する。環境の変化やちょっとした刺激も極度に気になる。初めてのことに不安が強い。予測と異なる刺激が入ってくることを嫌う（回避行動をとることもある）。

②不器用さ（運動面の問題）……粗大運動、両手動作や手先の微細運動に困難さがある。

3 解決策（共有化）

①遊具遊びの中で、さまざまな動きを楽しく行う。
②基礎感覚を養う準備運動を、継続的に行う。
③器具を工夫したり、教師が補助をしたりして、安心感をもたせる。
④予習したり動きを言語化したりして、動きをイメージ化する。

　自閉症スペクトラム児の約8割には、運動プランニング（観念化・企画・実行）の問題に起因する不器用さがある。そこで、遊具を使って運動を創造したり、より多くの運動パターンを体験したりするために、日常の「遊具遊び」の充実はきわめて重要である。

　後転に必要な基礎感覚は、「腕支持感覚」「逆さ感覚」「回転感覚」である。これらは、短期集中的なトレーニングでは身につかない。体育の時間の準備運動として意図的に位置づけるとよい。

　恐怖心を生む原因は、「後ろが見えない」「姿勢変換」「首や腰の痛み」「スピード感」等が考えられる。頭越しの場面では、スポンジマットを敷いたり頭が通る溝ができるようにマットの配置を工夫したりすることで痛みを軽減し、頭越しの局面を何度も経験させる。また、回転加速を補助するには、跳躍板の上にマットを敷いて傾斜をつくる方法や、マットを積み重ねて段差をつくる方法がある。

　さらに、他の児童の後転を見るだけではうまく模倣できないことも想定しておく。体育の時間に初めて動きを覚えるのではなく、教師や保護者が内容を予告しておくとよい。加えて、目

標がない動きより目標に向かう動きの方が運動を組み立てやすくなる。足を置く場所、腰を落とす場所、背中が通る位置が常にわかるように示しておくのもよいアイデアである。また、体の動かし方を、「手は天井」「おへそを見て」「背中を丸めて」など、児童の動きとマッチした言葉を使って言語化すると動きやすくなる。

4 初期感覚づくり

例えば、すべり台を登るときには、筋力・バランス感覚が鍛えられる。テンポよく登ればリズム感も育つ。すべり降りるときは、体勢を維持する筋力・バランス感覚・スピード感覚が身につく。ただし、さまざまな遊びに取り組ませていくには、教師の声かけや友達とのかかわりが大切なポイントになる。

5 基礎感覚づくり

ここで扱う動きは、マット運動に限らず器械運動全般の基礎感覚となるものなので、体育館での準備運動に随時取り入れる。

＜方法＞
①いぬ歩き（ひざをつけない）　②かに歩き（仰向け姿勢）
③うさぎ跳び（着手の位置より前に着地する）
④アザラシ歩き　⑤手押し車　⑥カエル倒立　⑦肩倒立
⑧V字バランス、など。

6 運動づくり

後転の運動技術は、「順次接触」「頭越し」「回転加速」の3つである。これを、「ゆりかご」をスモールステップで指導することで、習得させていく。必要に応じて、首や腰の痛みを軽減する場づくりや、教師が補助を行う。

＜方法＞

ア　ひざを抱えて	イ　手を離して	ウ　手でスタンプ	エ　つま先ポン！
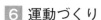			

オ　しゃがんで	カ　足から少し離れたところに腰を下ろすと回転加速がつく
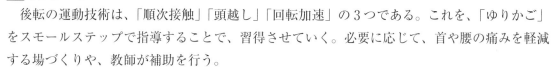	

5章　「マット運動」苦手徴候と克服する指導ポイント　53

マット運動

【細田公康】

| 学年 | 3～4年生 | 所要時間 | 3～4時間 | 準備物 | マット |

3 【開脚前転】
ひざが曲がり、脚の開いた前転ができない

●特別支援が必要な状況

1 ねらい（焦点化）

　特別支援の子どもの開脚前転の特徴はひざが曲がり、脚を開くタイミングが遅いことである。マットを3～4枚重ねた場の設定を行うことで自然に脚が開く。そのため、特別支援の子どもも回転後、スムーズに立ち上がれる。また、補助による最後の立ち上がりの指導を行っていく。

2 苦手・つまずきの背景（視覚化）

　開脚前転でひざが曲がってしまうのは、下記の要因が考えられる。

Ⅰ　股関節が固く、十分に脚を開くことができない。
Ⅱ　慌てて起き上がろうとするため、ひざが十分に伸びていない状態で回転してしまう。
Ⅲ　脚の開きが足りないために、回転後に立ち上がれない。

3 解決策（共有化）

①回転後、スムーズに立ち上がらせるために、マットを重ねてつくった場で練習させる。
②発問・運動・指示によってポイントを意識させる。特別支援の子どもにはゆっくり話す。

Ⅰ　おへそのあたりを見て、頭のうしろから回る。
Ⅱ　脚がマットにつくギリギリのところで、脚を十分に開く。
Ⅲ　両手でマットを押しながら立ち上がる。

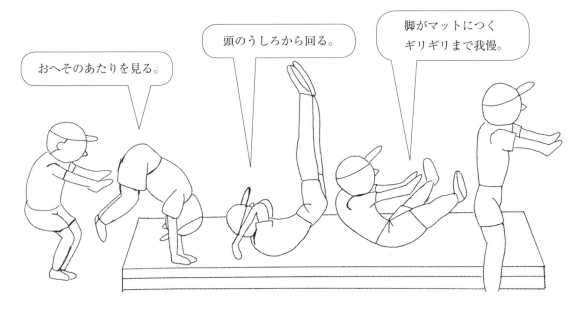

4 初期感覚づくり

　開脚前転では、最後の脚を開いて立ち上がる動作をスムーズに行う必要がある。だが、股関節が固いと十分に脚を開くことができずに、ひざの曲がった開脚前転になってしまう。

　回転後、スムーズに立ち上がるためには、マットを3〜4枚重ねてつくった場を設定して、練習するとよい。マットを重ねることで、またいだ状態で開脚し、立ちやすくなる。それでも、ひざが曲がってしまう場合は、かかとを床に押しつけて立ち上がらせる。慣れてきたら、マットの枚数を1枚ずつ減らしていく。

マットを3〜4枚程度、重ねる。

5 基礎感覚づくり

　最後に立ち上がる部分をスムーズに行うための補助をつけて練習をさせる。
①教師は、マットの脇で待つ。

②子どもが回転をして両脚を広げて、マットに両脚がついた瞬間に、後ろから両手で子どもの腰骨のあたりをもって支える。運動の苦手な特別支援の子どもに有効である。

③慣れてきたら補助の手を徐々にゆるめる。
④最後は手を離して、1人でできるようにする。

5章　「マット運動」苦手徴候と克服する指導ポイント　55

マット運動

【加藤三紘】

| 学年 | 3～4年生 | 所要時間 | 3～4時間 | 準備物 | マット　跳び箱1段目　手袋 |

4 【側方倒立回転】
側方倒立回転の順序がわからない

●特別支援が必要な状況

1 ねらい（焦点化）

側方倒立回転を行う際、どのような順序で手や足をついたらよいのかがわからない特別支援の子どもがいる。下図のような正しい手足の順序をスモールステップで指導をすることで、できない子もできるようになる。

①左手から着手する場合　　　　　　　　②右手から着手する場合
「左足－左手－右手－右足－左足」　　　「右足－右手－左手－左足－右足」

2 苦手・つまずきの背景（視覚化）

正しくは踏み出した足と同じ側の手を先につくという順序である。特別支援の子や苦手な子は踏み出した足と反対の手をつこうとし、その後の動きがわからなくなることが多い。

そこで、根本正雄企画・浜井俊洋著『1週間でマスターできる体育教科書シリーズ21"側方倒立回転"新ドリル』（明治図書）における指導方法の修正追試を行う。

修正点は、手足がつく位置がわかりやすいよう、写真①のように、着手の部分に手袋を置いた点である。着手部分を視覚的に示すことができる。

3 解決策（共有化）

次の4つのステップで指導をする。
① 「トン・トン」のリズム
② 「ト・トーン・トン」のリズム
③ 「ト・トーン・トン・トン」のリズム
④ 円周に沿って側方倒立回転

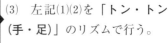
写真①

4 指導場面

① 「トン・トン（手・足）」のリズム

| (1) 両手を跳び箱の上につき、腰を上げて足を浮かす。「トン（手）」 | (2) 両足で着地する。「トン（足）」 | (3) 左記(1)(2)を「トン・トン（手・足）」のリズムで行う。 |

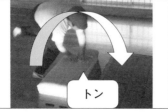
トン

トン

②「ト・トーン・トン（手・手・足）」のリズム

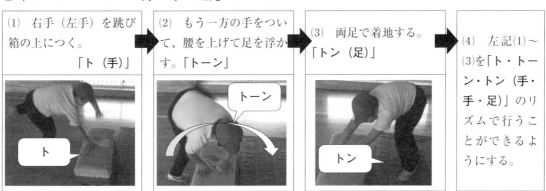

③「ト・トーン・トン・トン」のリズム

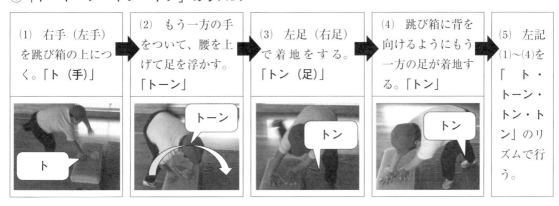

④円周に沿って側方倒立回転

　写真②のように、バスケットコートのサークルを利用する。円周を使うことで、手足を順につける練習をする。円弧を描くように行うのは、体の動きが無理なく動かすことができるからである。この際、「ト・トーン・トン・トン（手・手・足・足）」のリズムを唱えながら練習をさせる。

　特別支援の子どもには、教師が一緒に動いて、正しい動きを見せていく。

写真②

＜参考文献＞
根本正雄企画・浜井俊洋著『1週間でマスターできる体育教科書シリーズ21"側方倒立回転"新ドリル』（明治図書）

マット運動					【柏倉崇志】
学年	5～6年生	所要時間	6時間	準備物	マット　跳び箱

5 【側方倒立回転】
腰の伸びた側方倒立回転ができない

●特別支援が必要な状況

1 ねらい（焦点化）

側方倒立回転は子どもたちのあこがれの技の1つである。その一方で、うまくできずにひっくり返ってしまう特別支援の子どももいる。そこで、どの子も「手・手・足・足」の順にマットについて側方倒立回転ができ、さらに、腰・脚が伸びた側方倒立回転ができるようにさせたい。

2 苦手・つまずきの背景（視覚化）

特別支援の子どもの中には、「腕支持感覚」「逆さ感覚」が育っていない場合がある。すると側方倒立回転は難しい。また、どちらの手から着手するか理解できていない場合も考えられる。

3 解決策（共有化）

特別支援の子どももできる指導の手順は、次の通りである。

①腕支持感覚・逆さ感覚を育てる運動を十分にさせる。
②側方倒立回転の基礎となる「壁倒立」「川跳び（腕立て横跳び越し）」を十分にさせる。
③「リズム言葉」「易しい場」「変化のある繰り返し」で側方倒立回転を指導する。
④「手・手・足・足」の順にマットについたら一応「完成」とする。
⑤目標（ゴム紐）に向かって脚を上げさせる。

4 初期感覚づくり（腕支持感覚・逆さ感覚）

準備運動で「腕支持感覚」「逆さ感覚」を育てる運動をさせる。クマ歩き、クモ歩き、アザラシ歩き、ウサギ跳び、手押し車、ブリッジ、カエルの足打ちなどである。ポイントは、単元を通して「毎時間行う」こと。そして、「腰が高くなったね」など、少しの変化をも見逃さずほめて励まし続けることである。継続することで少しずつできるようになる。これらの運動は、題材・領域に関係なく年間を通じて行わせたい。

5 基礎感覚づくり

「壁倒立」と横向きのマットでの「川跳び（腕立て横跳び越し）」をさせる。壁倒立は、はじめは「壁登り」から始め、徐々に「振り上げ」に移行させる。また、視点を両手の間に固定させることが大切である。視点が固定されると、逆さまの状態でも混乱しなくなる。川跳びは「両手・両足」から始め、「手・手・両足」「手・手・足・足」と変化を加え

ていく。特別支援の子どもが壁倒立や川跳びなどで、腰の高さが少しでも変化したらほめ、励まし続けることが大切である。

6 運動づくり

「腕立て横跳び越し」を「変化のある繰り返し」で行わせる。その際、「リズム言葉」「跳び箱」を使用する。跳び箱を使用するのは、マットに着手するよりも逆さまの度合いが小さくなり、恐怖感が軽減されるからである。次の手順で指導する。

① 「トン・トン」（両手・両足）
② 「ト・トン・トン」（手・手・両足）
③ 「ト・トーン・トン」（手・手・両足）
　※腰を少しだけ高くさせる。
④ 「ト・トーン・トン・トン」（手・手・足・足）
⑤ 「ソーレ・ト・トーン・トン・トン」（万歳・手・手・足・足）

実際にやって見せることが大切である。教師が師範をしてもよいし、子どもに動きをさせてもよい。大切なことは、どのようにしたらよいのか「視覚化」する。特別支援の子どもに効果がある。

また、リズム言葉を使用することで、ポイントが明確になる。リズム言葉をお互いに言わせて実施させると、一体感が生まれると同時に、授業にテンポも生まれる。視点は紅白玉を使用して固定させるとよい。

※どちらの手からつくか、スケッチブックのイラストを見せる。

跳び箱1段での腕立て横跳び越しに慣れたら、⑤のリズム言葉でマット上の「側方倒立回転」をさせる。

マット上で行うと着手の仕方がわからなくなる子どもがいる。スケッチブックに図を描いて、視覚からも理解できるようにしておく。

次に、個別評定をする。見るのは「手・手・足・足」の順についているかどうかである。できていたら「完成」とする。達成感を味わわせることが大切だ。

腰や脚を伸ばすには「ゴム紐」が効果的である。ゴム紐には「鈴」をつけ、足が引っかかると鈴の音が鳴るようにする。ゴムの高さは、「腰の高さ」「胸の高さ」「肩の高さ」「顔の高さ」「万歳の手の高さ」と少しずつ上げる。「ゴム紐」という目標があるので腰と脚が伸びていく。少しの変化をも見逃さず、できたらほめ、励まし続けることが大切だ。

＜参考文献＞
向山洋一『体育授業の新法則』（学芸みらい社）

鉄棒運動

【広畑宏樹】

| 学年 | 1～2年生 | 所要時間 | 6時間 | 準備物 | 鉄棒　ゴムボール　ラップ芯と紐 |

1 【鉄棒遊び（つばめ）】
握る力がないので、つばめができない

●特別支援が必要な状況

1 ねらい（焦点化）

握る力がとても弱い子に出会うことがある。筋肉の病気や知的に低い場合だけではない。発達性協調運動障害（不器用症候群）の場合もあるのだ。握る力は、すぐに向上するものではない。遊びなどを通して、少しずつ感覚や筋力を育んでいく練習方法を提案する。

2 苦手・つまずきの背景（視覚化）

「つばめ」とはどのような技なのかを分析してみる。すると、鉄棒を握る力がないと、技を成功させることがかなり難しくなることに気づくことだろう。握る力が弱いと、空中でのバランスの保持が難しくなってしまうためである。

①両手を肩幅に開き、順手で握る。　②ぎゅっと鉄棒を握り、跳び上がる。　③上で止まり、鉄棒にお腹をのせる。　④ひじと足を伸ばし、姿勢をたもつ。

「つばめ（うで立て支持）」という技は、④で完成となる。腹筋や背筋、支持する腕の筋力等も重要だが、つばめを成功させるには握る力が最も重要である。支えの基本となるからである。

「握る力がない」というつまずきとして、次の3つの要因が主に考えられる。

A　握力そのものが弱い　　B　力加減の調節が苦手　　C　力を保持するのが苦手

3 解決策（共有化）

A　握力を鍛える。　B　力加減の調節の練習をする。　C　力を保持する練習をする。

鉄棒に必要な感覚や筋力を鍛える際は、体育の時間にたっぷり時間を取るのは適さない。短い時間でできることを、長い期間をかけて積み重ねた方がよい。遊びや生活の中で少しずつ鍛えていくのが効果的である。また、力加減の調節がうまくできない子もいる。「本人は力を入れているつもりでも弱い」ということがあるのだ。肩もみや握手で力の加減を確かめるとよい。

他にも、姿勢を保つのが難しいなど、力を入れた状態を保持するのが難しい子もいる。ぶら下がり遊びや腕相撲などの遊びを通して感覚を養っていくのが有効である。

4 初期感覚づくり

握る力を鍛える方法は、さまざまある。例えば、雲梯などにぶら下がる方法がある。雲梯なら、何本目まで進めるかに挑戦する。先生が抱きかかえて補助しながらでもいい。進むのが難しければ、何秒ぶら下がれるかゲームをする。はじめは1秒でもいい。「1！　クリア！　よし！」「1・2。すごい！　1秒伸びた！」と盛り上げる。早口で数えてもいい。挑戦したことを認め、ほめる。わずかな進歩も見逃さずにほめる。うまくいかないときも、「よし！　がんばった。チャレンジが立派！」と讃える。そ

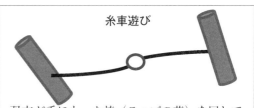

糸車遊び

双方が手にもった棒（ラップの芯）を回して紐を巻き取っていく。中央の玉が棒にふれたら勝ち。

の他、手提げバッグで重いものを持ち運んだり、重いものをどれだけ長くもっていられるかのがまん比べを行ったりする方法もある。体つくり運動の「クマさん歩き」や「手押し車」も有効である。荷台に人を載せてロープを引っ張る遊びや綱引きも、楽しみながら鍛えられる。手のグーパー運動の向上を図るなら、ゴムボールを繰り返し握ったり、粘土をこねたり、肩もみをしたりすることで鍛えられる。「糸車遊び」も楽しく鍛える方法としておすすめである。回転させながら紐を巻き取る動きを通して、握る力が鍛えられる。

5 基礎感覚づくり

「跳び上がり」をすすめる。胸の下くらいの高さの鉄棒をぎゅっと握り、跳び上がる動きである。これは、「つばめ」だけでなく他の技の練習にもなる。跳び上がったら、腕を伸ばして体を支え、そのまま空中に止まる。まずは1秒保持することを目指す。1秒ができたら、2秒、3秒……と目標時間を伸ばしていく。焦らず、スモールステップで、次々に達成感を得られるようにする。自信を高めるためにも、意欲を引き出すためにも、ほめてほめてほめまくる。

6 運動づくり

基礎感覚づくりの運動から、「つばめ」の技へとつなげる。鉄棒に腹をのせ、ひじと足を伸ばす。このとき、あごを上げて遠くを見るようにすると、背中がそり、適した姿勢になるのでバランスを保ちやすくなる。なお、傾き具合がつかめない子や倒れることに抵抗のある子の場合は、対面して両肩に手を添え支えるのが有効である。「つばめ」ができ

つばめ

てきたら、つばめの姿勢を何秒保持できるか対決したり、つばめの姿勢で横に手をずらしていく「つばめの横歩き」で端の鉄棒からどこまで進めるかを対決したりすると、楽しく技能を高められる。

＜参考文献＞
向山洋一『新法則化シリーズ　「体育」授業の新法則　中学年編』（学芸みらい社2015）
向井忠義『はじめよう！器械運動』（ベースボール・マガジン社2014）

鉄棒運動					【溝端達也】
学年	1～2年生	所要時間	6時間	準備物	鉄棒

【鉄棒遊び】
❷ 苦手な子には、遊びやシステムを通して克服させよ

●特別支援が必要な状況

1 ねらい（焦点化）

　頭を下げることをこわがり、鉄棒の前回り下りができない子どもがいる。そういう子どもの指導は、鉄棒で練習するだけでは限界がある。校庭にある様々な固定遊具を使い、初期感覚、回転感覚、逆さ感覚をできるだけたくさん経験させることで苦手を克服できるようにする。

2 苦手・つまずきの背景（視覚化）

　鉄棒が得意な子どもに共通するのは、幼少期における運動経験の豊かさである。

　幼いとき、「高い高い」と言ってよく抱きあげられた子ども（図A）。仰向けの親の上で持ち上げられあやされた経験の多い子ども（図B）。

上記の子どもたちには、比較的に得意な子どもが多い。

　さらに、幼少期に外遊びや遊具遊びを豊富に体験している子である（図C）。

　逆に、特別支援の子どもや苦手な子どもたちとはどんな子どもたちであろうか。それは、幼少期に図Aから図Cの体験が圧倒的に少ない子である。

家庭で保護者から「高い高い」であやされた経験の少ない子。外遊びをあまり経験していない子たちには、鉄棒等が苦手な子が多い傾向が見られる。

3 解決策（共有化）

A	遊具を使った遊びを豊富に経験させる
B	逆さ感覚、高さ感覚を授業時間以外に経験させる
C	子どもたちが熱中して鉄棒に取り組むシステムをつくる

A　遊具を使った遊びを豊富に経験させる

　運動場にある固定遊具を活用するのが一番よい。準備が要らないからだ。すぐできるからである。学校により異なるが、おおむね次の遊具があればよい。

①ジャングルジム　②昇り棒　③肋木　④鉄棒　⑤大型の総合遊具

学校によって遊具は異なるだろう。その学校にある固定遊具を使うのでよい。

きちんと体育の授業時間に教えていく。子どもたちは固定遊具の遊び方を知らない子が多い。特に、安全面の配慮などは、ルールや約束事など、指導の徹底が不可欠である。

B　逆さ感覚、高さ感覚を授業時間以外に経験させる

逆さ感覚や高さ感覚に優れている子どもたちは例外なく、幼少期に上記のイラストに見られるような経験をしてきている子どもたちである。しかし、教室にはそんな子どもたちは多くはいない。そのような子どもたちに逆さ感覚や高さ感覚を身につけさせるのはどうすればよいか。

> 休み時間に、鉄棒の前に教師が立っておく。

休み時間に教室から運動場に出て、鉄棒の前に立っておく。すると、子どもたちは鉄棒の前に集まる。「先生、見ていてよ」子どもたちは、自分のできる技を次々に見せてくれる。

「〇〇ちゃん、凄いなあ」

「そんな技ができるんだね」

「かっこいいなあ」

教師は、驚いていればいい。すると、それを見ていた周りの子どもたちも先生にほめられたいと思い、次々に鉄棒に挑戦を始める。何も指導しなくてもいい。子どもたちの頑張る姿を見て驚くことが教師の仕事なのだ。

すると、他の学年の子どもたちまでも「先生、見て見て！」と挑戦を始める。

ちょっとした鉄棒ブームが巻き起こる。もちろん、鉄棒が苦手な子どもたちを指導してもよい。

私は、よくくるりんベルトをたくさん持参して鉄棒の所へ立っていた。鉄棒が苦手な子に個別指導をするためだ。同時に他のクラスの子どもや他学年の子どもたちも指導していた。

すると、ある参観日のとき、他のクラスの保護者から次のように言われた。

「息子が溝端先生に逆上がりを教えてもらったと喜んでいました。ありがとうございます」

わざわざ教室に来てお礼を言われたこともあった。休み時間に教師が鉄棒の横に立っていることでうまれたドラマである。

C　子どもたちが熱中して鉄棒に取り組むシステムをつくる

子どもたちが熱中して取り組むシステムをどのようにつくるのか？

> 逆上がり全員達成パーティーを開こう。

「逆上がりが全員できたら、クラスでパーティーを開こう」こう宣言する。

すると、子どもたちは「達成パーティーを開きたい」というやる気で一気に燃えてくる。

休み時間も進んで運動場で練習する姿が見られるようになる。また、家でも練習するようになる。できない子を手助けするなどの姿も必ず見られる。教室で達成者の名前を掲示するなどをすると、さらに燃える。もちろん、教師もできない子を休み時間等を使って、サポートする。

こういったやる気のシステムをつくれるのは教師しかできない。

鉄棒運動

【飯島　晃】

| 学年 | 3～4年生 | 所要時間 | 4時間 | 準備物 | 鉄棒　くるりんベルト　ラインカー |

3 【足抜き回り】 足抜き回りができない子への指導ステップ

●特別支援が必要な状況

1 ねらい（焦点化）

　鉄棒運動で必要な基礎感覚は、「腕支持感覚」「逆さ感覚」「回転感覚」「振り感覚」である。逆上がりにつながる、足抜き回りを調子よくできない子の中には、自分の体を長時間支えられない、逆さまになることへの恐怖感があることがあげられる。まずは鉄棒に慣れさせ、スモールステップで指導していく。

2 苦手・つまずきの背景（視覚化）

　足抜き回りは、各基礎感覚に加え、「握力」「腹筋力」も必要となる。そのため、次のようなステップで指導する。

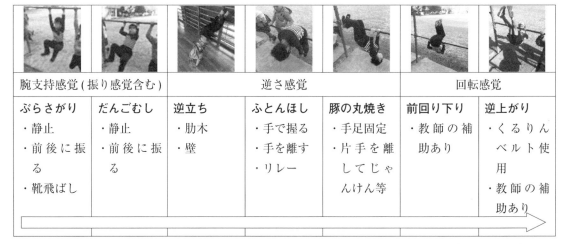

腕支持感覚(振り感覚含む)		逆さ感覚			回転感覚	
ぶらさがり	だんごむし	逆立ち	ふとんほし	豚の丸焼き	前回り下り	逆上がり
・静止 ・前後に振る ・靴飛ばし	・静止 ・前後に振る	・肋木 ・壁	・手で握る ・手を離す ・リレー	・手足固定 ・片手を離してじゃんけん等	・教師の補助あり	・くるりんベルト使用 ・教師の補助あり

　この手順の中で最も時間を要するのが「腕支持感覚」のステップである。楽しい雰囲気の中で行うことを心がける。靴飛ばしは、競争させたり目標をもたせたりすると盛り上がる。子どもたちに「より遠くへ飛ばすためにはどうしたらよいか」と問うたら、「身体を振ることです」と答えた。目的意識をもって取り組むとより効果的である。

3 解決策（共有化）

①足抜き回りの手本を見る（視覚）。
②補助をつけて何度か回ってみる（運動）。
③どこの力を使っていたか確認する（聴覚）。

　人には優位感覚があり、それぞれ「視覚優位型」「聴覚優位型」「運動優位型」と分けられる。「①視覚」では、実際に手本を見せることでイメージを湧かせることができ、「②運動」では身体で感覚をつかませることができ、「③聴覚」では話しあわせることで振り返りを行うことができる。指示の入りづらい1年生ADHDの子も、この流れで集中して参加することがで

きていた。

　上記の解決策3つには、それぞれの感覚を意図的に取り入れている。また、気をつけたいのは、教師が一方的に説明するのではなく、子どもに発問して考えさせることである。わからないところを短い言葉で補えばよい。

4 初期感覚づくり

　足抜き回りであるから、回転感覚が必要になる。そして回転するには逆さの感覚を身につけさせる必要がある。担任しているクラスの子4名（自閉症、LD、ADHD）に「逆さまの感覚は怖いか」と問うたら、全員「怖い」と答えた。また、自分の体を腕で支えられない子も中にはいるので、そこも併せて初期感覚を養う必要がある。逆さ立ちまでのステップである。

＜方法＞
①腕立ての姿勢や扇の姿勢などの体幹トレーニングをする。
②かえる倒立及びかえるの足打ちをする。
③手押し車を2人組でする。
④肋木を使って徐々に足を上げていく。
⑤壁を使って倒立をする。

5 基礎感覚づくり

　足抜き回りは回転するので、逆さ感覚の習得が必要となる。しかし、発達障害の子たちにとって、逆さになる感覚は「恐怖感」であることが多い。まずは、楽しみながら逆さ感覚が克服できるようにしていきたい。そのためには、ふとんほしゲームが効果的である。

＜方法＞
①ふとんほしの状態をつくる（補助あり）。
②片手を離し、じゃんけんをする（離せない子は口じゃんけん）。
③勝った子はそのまま残る。負けた子は次の子と交代。
④3回連続で勝ったらチャンピオン。次の子と交代する。
　チャンピオンは帽子の色を変えて目立たせる。

6 運動づくり

まずは、足をかけるところから。その状態で逆さになる。	次に、だるまの形から、足の裏を鉄棒につけて体を支える。	だるまの形から、補助をつけて回転してみる。	慣れてきたら、足の裏をつけずに、自力で回転してみる。

鉄棒運動

【布村岳志】

| 学年 | 1〜3年生 | 所要時間 | 3〜4時間 | 準備物 | 鉄棒 |

4 【こうもり振り】
鉄棒に両足をかけ、こうもり振りができない

●特別支援が必要な状況

1 ねらい（焦点化）

こうもり振りには、逆さ感覚、振りの感覚を育てることが大切である。特別支援の子どもは、この逆さ感覚、振りの感覚が育っていない。楽しく変化のある繰り返しで運動を組み立て、少しずつ逆さ感覚、振りの感覚を育てていく。

2 苦手・つまずきの背景（視覚化）

特別支援を必要とする子どもが鉄棒を苦手だと感じるのは、日常にない動きが多いからである。特に、「逆さになる感覚」は意図的に育てていく必要がある。

短時間では無理があるために、準備運動に「逆さになる感覚」を養えるような運動を組み込んでいく。繰り返し、少しずつ指導していく中で身につけさせていく。

長期的な取り組みであることを見越して指導にあたるように心がける。

3 解決策（共有化）

①準備運動に「逆さ」になる運動を組み込む。
②鉄棒の技を簡単なものから少しずつ組み立てていく。

鉄棒の学習が始まる前に、変化のある繰り返しで逆さ感覚を養っておく。

　①かえるの足打ち　　　　②かえる倒立　　　　③手押し車

苦手な子には、教師が加減してやるようにする。一連の動きの中で、よい動きをしている子を全体で取り上げておく。かえるの足打ちであれば、二度三度と打てていることである。何度も足打ちができていることは、逆さになっている時間が長いことでもある。

また、さまざまな器具を使いながら変化をつけて繰り返し逆さになる感覚を養う。

④肋木や平均台などを使って逆さになる

このように、下向きになったり上向きになったりと姿勢を変える。苦手な子には、肋木の低い段から始めるなどの配慮は必要だろう。跳び箱の一番上や、バランスボールなどでもこうした運動ができる。

4 初期感覚づくり

まずは鉄棒を握るところから始める。身体を回転させるには、握って体を支えることが必要な動きになる。ぶら下がって、ブランコのように体を振ることで、こうもり振りに必要な感覚も養うことができる。

ぶら下がるときには、「5秒で交代」などと数字で伝えるようにする。こうして評定する目安を子どもに示すことで、上達を実感させることができる。

運動の工夫として、順番を待っている子がカウントする、タッチして交代するなどと接触する機会をつくってやる。こうして、仲間づくりにもつなげることができる。

5 基礎感覚づくり

こうもり振りは、足抜き回りから移行する形で進めていく。

しっかり鉄棒を握り、片足ずつ手の間を通すようにする。慣れてきたところで一度に両足を通すことができるようになると、足抜き回りの段階はクリアである。

あとは、ひざの裏で鉄棒を支持するようにする。

〈方法〉
①（初期感覚づくりの）ぶら下がりをする。
②腕の間から足を通す（片足→両足と、変化させながら）。
③足抜きしてから、ひざの裏を鉄棒にかける。
④手を離す。
⑤体を前後に振る。

地面や床に手がつくような高さの鉄棒を使うことで、恐怖心を取り除くようにする。また、鉄棒から離れた場所に手をついてから離すことで、しぜんと振りができるようになる。

思うように体を振れない子には、教師が鉄棒の横に立って、つま先の部分をもってやる。子どもが落ちないようにするとともに、振りを体感させることで少しずつ感覚を養っていけるようにする。

6 運動づくり

こうもりの振りを強化する運動として、こうもりボールがある（根本正雄氏、TOSSランドNo.1211084）。こうもり振りをしながら、友達にボールを投げ渡す運動である。鉄棒に近いところから、少しずつ距離を離していく。投げる運動と組みあわせることで、体を大きく振る運動へとつなげることができる。

6章　「鉄棒運動」苦手徴候と克服する指導ポイント　67

鉄棒運動					【辻岡義介】
学年	3〜4年生	所要時間	6時間	準備物	跳び箱　踏切板　くるりんベルト

5 【逆上がり】鉄棒から腰が離れてしまう

●特別支援が必要な状況

1 ねらい（焦点化）

　逆上がりができる一番のポイントは、「腰が鉄棒から離れない」ことである。しかし、特別支援の子や逆上がりができない子は、鉄棒から腰が離れてしまう。では、どうして、腰が鉄棒から離れてしまうのか、また、どうすれば、腰を離さずに回れるのか、その原因やポイントを明らかにし、仲間とともに意欲を高めながら練習して逆上がりをできるようにしていく。

2 苦手・つまずきの背景（視覚化）

逆上がりができない子のつまずきのパターンである。

踏み切り動作ができていない。	踏み切るときに、腰を落としてしまう。	振り上げ足の方向がわるく、両足がそろってしまう。	身体が反っている。

　上にあげた主なつまずきのパターンによって、最終的に左の写真のように腰が鉄棒から離れてしまう。では、どうしたら、腰が鉄棒から離れないのか。まず、踏み切るときに、右図のように腰を鉄棒から離れないように意識して片足を振り上げる。さらに、振り上げた足を右図の矢印の方向に進めていくと鉄棒を中心に回ることができる。しかし、あまり振り上がっていない状態で踏み切ってしまうと、両足がそろってしまい落ちる。また、足を振り上げるときにあごが上がっていると、体が反ってしまい、腰が鉄棒に巻き付くことができず落ちてしまう。踏み切り、振り上げ足の方向、踏み切りから回転までの姿勢とそれらを踏まえた一連の動作のタイミングが重要である。ただ、それらを支える下地として、主に4つの基礎感覚、基礎技能が必要である。

3 解決策（共有化）

①逆上がりに必要な4つの基礎感覚・基礎技能を身につける。
②補助具を使って腰が鉄棒から離れない回り方を身につける。
③補助をし合い、励まし合い、競い合い、教え合って意欲と技能を高める。

　特に特別支援や苦手な子どもには、逆上がりに必要な基礎感覚と技能を日頃の準備運動で身

につけていく。逆上がりの指導では、補助具を使って仲間とともに無理なくできるようにしていく。くるりんベルトは効果的である。

4 初期感覚づくり

4月から年間を通して、次のような準備運動で行っていくと、器械運動の基礎的な力がついてくる。ゲーム化やじゃんけんなど、ペアやチームで楽しく行えるように工夫したい。

逆さ足打ち

かえる倒立

手押し車

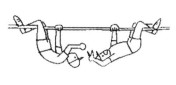
なまけものじゃんけん

5 基礎感覚づくり

逆上がりに必要な、主な4つの感覚とは、腕支持感覚、逆さ感覚、回転感覚、脇を締めて懸垂をする感覚である。中でも懸垂をする感覚が身についていないことが多い。

腕支持感覚を身につける「つばめ」（正面支持）

逆さ感覚を身につける「ふとんほし」

回転感覚を身につける「足抜き回り」

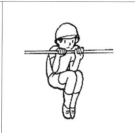
脇を締めて懸垂をする感覚を身につける「だんごむし」（持久懸垂）

6 運動づくり

逆上がりの練習では、写真のようにくるりんベルトを腰に巻くと腰が鉄棒から離れずに回れる。くるりんベルトがなければ、タオルや柔道の帯などを巻いて行うとよい。また、右図は、跳び箱と踏み板を使った補助具で段階別に練習する指導法である。ステップ1は、腰が鉄棒に近くなるので回りやすい。

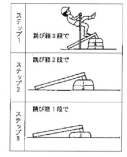

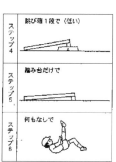

各ステップを3回できたら次のステップに進み、できなかったら前のステップに戻るというシステムで行っていく。ベルトのつけ外しや補助、跳び箱がずれないように支え合う。

6章　「鉄棒運動」苦手徴候と克服する指導ポイント　69

鉄棒運動					【平田純也】
学年	3～4年生	所要時間	6時間	準備物	鉄棒

6 【逆上がり】蹴り足がほとんど上がらない!!

●特別支援が必要な状況

1 ねらい（焦点化）

　くるりんベルトと適切な補助があれば逆上がりはできるようになる。逆上がりができない原因は、足が上がっていない、肘がのびているなど、いくつかある。足が上がらない子には、補助者が両足を支えて何度も持ち上げるなど、足を上げる経験を積ませ、少しずつ筋肉をつけていく必要がある。後ろに回る経験もさせ、恐怖心を取り除く。

2 苦手・つまずきの背景（視覚化）

　運動嫌いで肥満のA君（当時中学年）に何か運動をさせたいと担任から相談を受けた。失敗を極端に嫌う子で、マットでの前転後転もできず、回転する感覚が身についていなかった。できないからやらない、やらないからできない、という悪循環をどこかで断つ必要があった。本人をやる気にさせ、毎日ほんの少しずつでも練習をさせるための手立てを講じた。

3 解決策（共有化）

①ゴールと、ゴールまでの見通しを示し続ける。
②トークンエコノミー法で「貯金」を増やし続ける。
③本人の負担感を限りなくゼロにするように支援をする。

　私が受け持っていた男児（B君）のために、支援学級教室に移動式の鉄棒を置いてあった。B君は鉄棒くるりんベルトと私の補助の併用により回ることができていた。休み時間や授業中の気分転換に逆上がりの練習をするB君の様子をA君にも見せ続けた。「すごいなあ、B君！　1か月前はできなかったのに、今はこんなにできているぞ！　あと3週間くらいで自力でできるかもね！」と、A君に聞こえるようにB君をほめ続けた。A君の担任が「やってみる？」と誘い続けるが、なかなか同意しない。私やB君も「すぐにはできないけど、3か月頑張ればきっとできるようになる！」「そうだよ！　僕も全然できなかったんだよ！」と誘い続けた。

他の子の練習を見せ続ける。

　B君の変容を目の当たりにし、A君にもやる気が見え始めた。このときのB君の姿を、A君の当面の目標（ゴール）とした。「1か月で、ベルトありで逆上がりができる」である。その目標を「100」として、鉄棒を初めて握った日を「1」とした。数値で達成状況を示し続け、A君の意欲を消さないように、とにかくほめ続けた。鉄棒を見たらほめ、鉄棒に近づいたらほめ、「やってみようかな」とつぶやいたらほめ、鉄棒を握ったときにはものすごくほめた。その都度「1ポイントゲット！」と「貯金」を増やしていった。

4 初期感覚づくり

　A君にとって「鉄棒に触ることへの抵抗感をなくすこと」が初期感覚と言えた。とにかく鉄棒に触れる時間を少しでも取れるように心がけた。A君の担任からも「鉄棒を10回握ったら授

業終わり」とか、「気分転換に鉄棒に寄りかかっておいで」と声掛けしてもらった。私はＡ君の足を軽く持ち上げ、「お！　ここまで上がるんだね！　先生がもたなくてもここまで上げられるかい？」と、足を上げさせた。「よし！　できた！　あと何回できる？　３回できるかな。難しいかな〜。Ｂ君は10回できたけどね」と、煽ってみた。「それぐらいできるよ！」とＡ君はやる気を見せ、足を上げた。最初の頃は３〜４回で終わっていた。壁に印をつけて「昨日よりも１ｃｍ上がったぞ！　１ポイントだ！」とほめ続けた。「Ａ君が頑張ったから、先生とっても嬉しい。Ａ君の頑張りをメモしていいかな？」と同意を取り、記録をつけ続けた。毎日の活動後につけた記録をＡ君に見せ、頑張りの蓄積を視覚化した。１週間続けると、Ａ君の方から「今日もやる？」と私に話しかけてきた。「鉄棒に触ること」への抵抗感をなくすことができたのだ。

5 基礎感覚づくり

次に、後転する感覚を身につけさせた。しゃがんだ状態から後ろに回らせた。Ａ君の腰に丸めた毛布を敷き、回りやすくした。私のひざにＡ君の足が乗り、力が掛かった瞬間に腕に力を入れ、グルンとひっくり返した。Ａ君は少し戸惑った。嫌がるかな？と思ったが、「できたぞ！」とほめ続けることで、練習を続けさせることができた。腰の毛布の柔らかさがＡ君の恐怖心を取り除くのに大変役立った。この練習で、後ろに回る基礎感覚が身についた。

6 運動感覚づくり

鉄棒で後ろに回る練習の初日はベルトを黒（一番補助が強い位置）にして、さらに椅子を踏み台にした。力が加わった瞬間に私が椅子を持ち上げ、３回逆上がりをした。３日目には椅子を使わず、向かい合った私の太腿を踏ませた。５日目は、Ａ君が足を上げた瞬間に、両腕で抱え上げた。前日までのように踏み台になる場所がなかったので、少し恐怖心を見せていた。失敗は許されないと思い、大変緊張しながら補助をした。幸いなことに１回目、うまく両足を抱えて持ち上げることができた。毎日少しずつ回数を増やし、ここまでで計６日。５日連続で練習できた。担任と２人でめちゃめちゃほめた。休み明け、Ａ君に何事もなかったように「今日は何回できるかな。金曜日は５回できたから６回かな？」と笑って話しかけると、「無理だよ〜！」とＡ君も笑った。この日は両腕ではなく、片腕だけで持ち上げることができた。計６回回った。翌日、補助する腕にＡ君の振り上げる力を初めて感じた。私の補助にＡ君自身の力が加わり、勢いよくクルン！と回った。Ａ君は「あれ？」という驚きの目で私を見た。自力で成功したと思ったようだった。この日から、Ａ君は練習を嫌がることがなくなり、毎日続けた。夏休み中にもＡ君は自宅の布団に寝っ転がり、足を上げる練習を続けた。８月30日、学校での練習33日目に、Ａ君はベルトのみで逆上がりを成功させた。

鉄棒運動						【三好保雄】
学年	3～4年生	所要時間	6時間	準備物	鉄棒　回転補助具　ひざサポーター	

7 【足かけ上がり】 ひざを鉄棒にかけられない

●特別支援が必要な状況

1 ねらい（焦点化）

　足かけ上がりは、逆上がりに比べると成功しやすい技である。特別支援の子どもも、鉄棒に片ひざをかけて振り、振りをだんだん大きくしていくとできるようになる。振りが大きくなり、顔が鉄棒の高さまできたときに、腕で鉄棒を下に押さえる（肩角度減少）。そうすると上体を上げることができる。ひざの裏が鉄棒に擦れて痛いからいやだと言う子がいる。鉄棒巻き具やひざのサポーターを使って痛くないようにすれば簡単な技である。

2 苦手・つまずきの背景（視覚化）

　練習の仕方を紙芝居のように視覚化し、「ふり、ふり、ふり、ふり、ふり上がり」と音声によるイメージ化すると特別支援の子どもも不安なく見通しをもちやすい。

鉄棒足かけ上がり

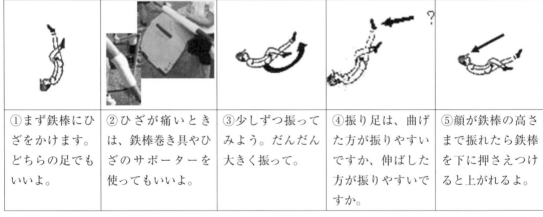

| ①まず鉄棒にひざをかけます。どちらの足でもいいよ。 | ②ひざが痛いときは、鉄棒巻き具やひざのサポーターを使ってもいいよ。 | ③少しずつ振ってみよう。だんだん大きく振って。 | ④振り足は、曲げた方が振りやすいですか、伸ばした方が振りやすいですか。 | ⑤顔が鉄棒の高さまで振れたら鉄棒を下に押さえつけると上がれるよ。 |

3 解決策（共有化）

①鉄棒にかけたひざの裏が痛くないようにしてやること。

　支援の必要な子は、感覚が過敏なことが多い。ちょっとでも痛みがあると練習を投げ出してしまう。痛みがなく心地よいことが大切である。「鉄棒回転補助具」として市販されているものを鉄棒に巻く（自作も可）。ひざにサポーターをつけるのもよい。ハイソックスも使える。

②「そんなの簡単だ」と思える技から始め、成功体験を積み重ねていく。

③補助具があっても、教師の補助があっても「できた」という評価尺度を共通理解しておく。教師が体に触れているだけで安心する子も多い。

4 初期感覚づくり

ブランコは、振り（振動）を感じ楽しむことのできる遊具である。多くの幼児がブランコ大好きである。いすに座って足をぶらぶらさせることだって振りを楽しんでいる動作である。

雲梯で進むとき、1本抜かしで進むときは、腕だけで進んでいるのではない。胴・足などをうまく振動させて、次の棒を手でつかんで（引っかけて）進んでいるのである。

〈方法〉
①ブランコ遊び
②雲梯遊び
③ぶたの丸焼き
④ふとんほしで揺する

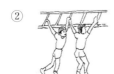
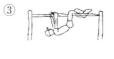

5 基礎感覚づくり

「足かけ上がり」は、「足かけ振り」が基礎感覚である。足かけ振りが、安定してできるようになり、振りが大きくなり、顔が鉄棒の高さまできたときに、腕で鉄棒を下に押さえる（肩角度減少）。そうすると上体を上げることができる。

腕で鉄棒を下に押さえる動作は、鉄棒に跳び上がる技「つばめ」（腕支持状態になる技）と似ている。腕を曲げずに行うとさらに効果的である。鉄棒の真下につま先を置き、「つばめ」になる動作は、腕で鉄棒を下に押さえる肩角度減少の感覚を習得するのに有効である。

6 運動づくり

基礎感覚づくりで紹介した運動を行った後、補助を入れながら「足かけ上がり」を行う。

①子どもの振り足のひざの上の辺りを教師の右手で下に押し、教師の左手で子どもの肩甲骨の下辺りを上に上げるようにして補助する。5回程度振るとよい振りになってくる。
②補助し振りが安定してきたら、「ふり、ふり、ふり、ふり、ふり上がり」と声をかける。
周りの子に言わせてもよい。教師が左手で肩甲骨の下辺りを上げてやると「足かけ上がり」が成功する。子どもは鉄棒に上がろうとするので自然に背中を丸めて上がる動きができてくる。
③教師がする補助を見せた後、子ども同士で補助させる。これは仲間とのつながりを感じる運動となる。子ども同士で補助し合うペアは、「命を守る2人組」だよと教えるとよい。
④

左図のように、片足を地面につけ、その足で地面を蹴りながら鉄棒を押さえて上がる練習も有効である。

6章 「鉄棒運動」苦手徴候と克服する指導ポイント　73

跳び箱運動

【野崎　隆】

| 学年 | 1〜2年生 | 所要時間 | 3時間 | 準備物 | ケンステップ |

1 【ケンパー跳び】基礎感覚・踏み切りができない

●特別支援が必要な状況

1 ねらい（焦点化）

　ケンパー跳びは、「跳感覚」「平衡感覚」「リズム感覚」を育てる運動である。この3つは、跳び箱だけでなく、走り幅跳びや走り高跳びにもつながる大切な基礎感覚である。低学年の基本の運動（走・跳の運動遊び）の1つとして、ケンパー跳びはリズムにのりながら楽しく基礎感覚を育てることのできる運動である。特に跳び箱運動の踏み切りに役立つ。ケンパー跳びのできない特別支援の子どもは、跳び箱を跳びこすことが苦手である。そのためにも、ケンパー跳びができるようにする。

2 苦手・つまずきの背景（視覚化）

　配慮を要する子を見分けるために、TOSS代表の向山氏は、体育の時間にケンパー跳び（ケンパーケンケンパー）をさせていた。4月最初の頃である。ケンパー跳びは、「跳ぶ」という運動と「足をケンパーに動かす」という運動の2つが、連結している運動である。したがって、この2つの運動がうまく連結しなければ、ケンパー跳びはできないのである。この連結を専門用語で「協応動作」と呼ぶ。発達障害の子の中には、協応動作が難しい子がいる。向山氏のケンパー跳びによる見分け方は、まさに理にかなった方法だったのである。

　また、ケンパー跳びができるためには「跳感覚」「平衡感覚」「リズム感覚」が必要である。片足でバランスよく立つことができなければ、ケンパーの動きができない。ケンパーができても、リズムが悪ければ動きがぎこちない。

3 解決策（共有化）

①短い時間でできる毎時間の継続的な運動の積み重ね。
②ケンステップを使い、足の着地点を明確にする。
③グループで楽しく取り組む場づくりやゲーム。

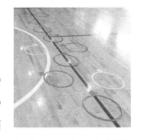

　協応動作や基礎感覚は、何回か取り組んだだけですぐに身につくものではない。継続的な経験の積み重ねが必要である。毎回の体育の時間の導入の1つとして、ケンパー跳びの動きを取り入れる。1回の練習時間は短くても、毎時間の経験で少しずつ身につけていくことができる。以前担任した特別支援学級の子は、毎時間の体育で1年間ケンパー跳びの練習を行い、できるようになった。また、足の動きが跳んでいるうちにわからなくなってしまう子がいる。そのときに効果的なのが、ケンステップであった。視覚的に足の着地点がわかるので、足を動かしやすい。また、置くだけでよいので、場づくりが簡単である。1人の子が跳んでいるときに、周りの子たちが「ケン・パー」と声をかけてあげるようにすれば、友達と楽しく取り組むことができる。

4 初期感覚づくり

　まずは、バランス感覚を育てるために、片足バランスを行う。右足を浮かせたバランスと左足を浮かせたバランスの両方を行う。時間は、子どもの実態にあわせて設定し、慣れてきたら時間を延ばしてもよい。低学年の子どもたちの場合、左右バランスのいい発達を促すことが大切であるため、片方だけの動きにとどまらないようにする。

　作業療法士の福田恵美子氏は、縄跳びへの苦手意識をなくす方法の１つとして、次のようなトレーニングを紹介している（『教育トークライン』誌 No472）。

> 　リズミカルに歩くこと、外部からの聴覚刺激などで動作が止まることがなくなるまで行うことなどがある。

　このトレーニングをケンパー跳びに生かす。その場で教師の声（外部からの聴覚刺激）にあわせてケンパー跳びをさせる。最初は、ゆっくりとしたスピードで跳ばせ、少しずつスピードをあげる。一連の動きをリズミカルに４回ほど行い、だんだんスピードをあげていく。

例：「ケン・パー・ケン・パー」「ケン・パー・ケン・パー・ケン・ケン・パー」「ケン」の足が片方だけにならないように、一連の動きが終わったら反対の足も行う。

5 基礎感覚づくり

　ケンパー遊びは、ケンステップを並べて、そこをリズムよく跳びながら進んでいくという遊びである。ケンステップの数とリズムを次のように設定する。

　　ケンステップ１つ……「ケン」（片足跳び）

　　ケンステップ２つ……「パー」（両足跳び）

　１人の子がやっているときに、周りの子どもたちが「ケン・パー」とケンステップにあわせた声をかけるように促すと、仲間意識をもたせることができる。

　跳べる距離が短い子には、ケンステップの間隔を狭め、得意な子は間隔を広くとるだけで、熱中する。

6 運動づくり

　基礎感覚づくりで紹介したケンステップによるケンパー跳びをグループで考えさせる。

　「自分たちで置き方を工夫しなさい」と指示する。さまざまなバリエーションの場づくりができる。

　また、ドンジャンケンに応用させることもできる。

＜ゲームルール＞

①ケンステップを並べた両サイドに、１列でチームごとに並ぶ。

②両チームの１人が、ケンパーで進み、ぶつかったところでドンジャンケン。

③勝ったら先に進み、負けたら次の人が交代して進む。勝ち進んで相手チーム最初のケンステップに入ったら勝ち。

　低学年からケンパー跳びを楽しく行うことで、大事な基礎感覚を養うことができる。

跳び箱運動

【井田 恵】

| 学年 | 3〜4年生 | 所要時間 | 6時間 | 準備物 | 跳び箱　トランポリン　平均台 |

2 【跳び箱遊び】
高い跳び箱に上がれない

●特別支援が必要な状況

1 ねらい（焦点化）

跳び箱が跳べるようになるためには、その基礎となるさまざまな運動を体験し、慣れ、できるようにならなければならない。子どもにあった教具（跳び箱）を用意し、成功体験を味わわせたい。恐怖感を取り除く指導を一貫して行う。

2 苦手・つまずきの背景（視覚化）

児童が「高い」と思う遊具、例えば肋木のぼりをさせると「こわい、こわい」と言って、上まで登ることができない。鉄棒運動でも体が宙に浮くことを嫌がって、取り組もうとしない。前庭感覚系の障害や視覚からの重力不安が背景にあると考えられる。

高い所に上がると「落ちる」、「落ちたらケガをする」という恐怖感、不安感が先走り、そのような運動から、結果的に遠ざかる様相になってきている。

平地での走る、ダンスを楽しむなどの運動には積極的に取り組もうとする。他方、登り棒などの固定遊具を使った運動には苦手意識を示す。固有感覚系の機能に問題が見られる。

3 解決策（共有化）

運動のステップを設け、「高い所でも大丈夫だよ」というメッセージを感じられるような体験を蓄積し、高さに対する不安感や恐怖感を取り除き、「できるという」安心感を与えることが重要である。固有感覚系を高める運動を意識的に取り入れ、四肢の動きの感覚・四肢の位置の感覚・筋の力などを高めたい。まず、平均台を使って低い場所での運動に親しむようにした。

＜跳び箱の素地となる運動＞
①平地での移動、運動・手足走り、アザラシ歩き、うさぎ跳び、ケンパー跳び、縄跳び
②跳ぶ動き・トランポリン遊び、台上跳び
③両腕で体重を支える体感・向山Ａ式

平均台遊び

床面から低い場所を歩く

２つの平均台上を歩く

傾けた平均台上を歩く

4 初期感覚づくり

高くない場所、つまり平地での身体の動き方を体験する。

跳び箱運動につながる素地となる動きを取り入れる。

○手足走り、アザラシ歩き、うさぎ跳び

腕支持感覚を鍛える。

○ケンパー跳び、縄跳び

リズム感を養い、縄跳び遊びを通した協応動作の感覚を伸ばす。

5 基礎感覚づくり

高さに慣れる運動を取り入れる。

○トランポリン遊び

　トランポリンを使って、ぴょんぴょん跳ぶ運動をとても好む。跳ぶ感覚を身体を通して確かめ、楽しんでいる姿が見られる。固有感覚系の機能、前庭感覚系の機能を自ら伸ばすのに効果の高い遊具である。

○台上跳び

　高い所から飛び、少し離れた所に着地する感覚、体感を味わわせる。

6 運動づくり

跳び箱を跳べるようになるには、腕を支点とした体重移動が必要である。

体重移動の仕方を教える。跳び箱をまたいですわらせ、次に腕をついて跳びおりさせる。

「跳び箱を跳ぶというのは、このように両腕で体重を支えることなんだよ」と説明し、そして「体重のかかり方が、変わるだろう」と言って、ゆっくり跳びおりさせる。5、6回繰り返す。

(向山A式) 見事、跳び箱に成功した子ども。幼児・小学校低学年用の跳び箱を使用した。

「幼児や小学校低学年生にも跳びやすいミニサイズの跳び箱」（TOEI LIGHT 社）使用

子ども特有の前庭感覚から生じる不安を自信につなげる運動の蓄積が大切である。

跳び箱運動

【井上　武】

| 学年 | 1〜4年生 | 所要時間 | 6時間 | 準備物 | 跳び箱 |

3 【跳び箱遊び】
両腕で跳び箱を支持しての馬乗りができない

●特別支援が必要な状況

1 ねらい（焦点化）

　3・4年生における跳び箱運動は、「基本的な支持飛び越し技（切り返し系、回転系）に取り組み、それぞれの系について自己の能力に適して技ができるようにする」とある。跳び箱の楽しさは跳び越すことによる気持ちよさであり、「できた」という達成感である。体を腕で支持するさまざまな活動を通して、跳び箱の楽しさを味わわせたい。

2 苦手・つまずきの背景（視覚化）

　馬乗りにつまずきのある子どもは、①走る運動から両足ジャンプへの切り替えが難しい、②腕で体を支える腕支持感覚が身についていない、などが考えられる。また、日常的に私たちが使っている感覚に何らかの問題がある、あるいは基礎的な感覚がうまく統合されていない。

(1)　日常生活で使っている感覚

　私たちは、さまざまな感覚を使って生活している。「視覚」「聴覚」「臭覚」「味覚」「触覚」は五感と呼ばれ、自分で意識しやすい感覚である。反対に自分では意識しにくい感覚がある。「平衡感覚（前庭感覚）」「固有感覚」「触覚」がそれである。「触覚」は、意識しやすいものと意識しにくいものがあり、どちらにも属するものである。

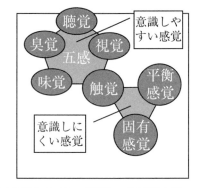

　「平衡感覚」とは、身体がバランスをとるときに使われる感覚である。例えば、身体が右に傾いたときには、左側の筋肉の張りなどを使って頭を垂直に保つように調整する。「固有感覚」とは、関節の曲げ伸ばしや筋肉の張り具合を感じる感覚である。重さの違う2つのものをそれぞれ両手でもったとき、どちらが重いかわかるのは、固有感覚を使って腕の筋肉の張り具合を感じ取っているからである。

(2)　ボディーイメージと空間認知能力

　ボディーイメージとは、「触覚」「平衡感覚」「固有感覚」の全てを使って、自分の身体の輪郭、大きさ、傾き具合、力の入り具合、関節の曲げ伸ばし具合などを実感として捉えたものである。空間認知能力とは、空間にあるものの大きさ、高さ、広さ、位置などを把握する力である。跳び箱などの運動が苦手な子どもは、ボディーイメージや空間認知能力に問題がある。

3 解決策（共有化）

①ジャンプのタイミングをつかませる。

②腕支持感覚を培う運動をさせる。
③教師が補助する。

　跳び箱までの助走や踏み切り、手で体を支える感覚を簡単なものから体験させ、その感覚を身につけさせていく必要がある。跳び箱に馬乗りになるまでの運動で特に大切な、踏み切りと腕支持のための運動について示す。

4 ジャンプのタイミング

(1) 両足ジャンプの練習

　止まった姿勢で腕を前後に振って前に向かってジャンプする。色マットやミニフラフープ、ケンパ練習用の輪を並べて、どの色に跳ぶかを決めてジャンプすると、楽しみながら練習することができる。慣れてくると、「右（左）」→「両足」→「ジャンプ」で跳ぶ練習をすると、跳び箱の踏み切りに近づいた練習となる。

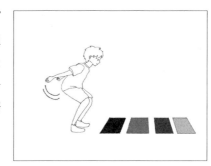

(2) 一緒に踏み切りの練習

　助走から踏み切りまでの一連の動作を体感させるために、手をつないで一緒に助走したり踏み切りをしたりする。「トットットット、トーン、バン」などのスポーツオノマトペを使うと、より効果的である。

5 腕支持感覚を培う運動

①雑巾がけ…ゴール地点を決め、雑巾がけをさせる。
　ただの雑巾がけだと飽きてしまうので、雑巾を使ってしゃくとりむしのように進む方法で雑巾がけをさせる。1枚の雑巾に両手を乗せ、もう1枚の雑巾に足を乗せる。伸びたり縮んだりしながら前に進む。雑巾ラン、雑巾ウォークなどネーミングも工夫する。

②つなげてドンジャンケン…跳び箱を4〜5台連結して並べ、両方からまたぎ乗り、両手で支持して前方に移動する。出会ったところでジャンケンをし、負けたら次の人がスタートする。勝ったらそのまま進み、相手の陣地に入ったら得点となる。慣れてきたら、台数を増やしたり跳び箱の高さを変えたりする。

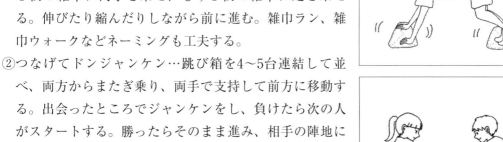

＜主要参考（引用）文献＞
川上康則監修『発達の気になる子の学校・家庭で楽しくできる感覚統合あそび』（ナツメ社2015）
鴨下賢一編著『発達が気になる子の脳と体をそだてる感覚あそび』（合同出版2017）
秦野えつ子著『発達障がいのある子の感覚あそび・運動あそび』（ナツメ社2013）

跳び箱運動

【高橋久樹】

| 学年 | 1〜2年生 | 所要時間 | 10時間 | 準備物 | 跳び箱　マット　CD（デッキ）　輪 |

【跳び箱遊び】
4 着地が下手は「せーの！　ピタ！」の合い言葉で

──●特別支援が必要な状況──

1 ねらい（焦点化）

　特別支援を要する子の中には、2つの動作を同時に使う「協応動作」が苦手な子が多い。そこで、跳び箱運動のパーツを細分化し、着地に絞った指導を紹介する。着地に気をつけるだけで「踏み切り」や「空中姿勢」まで丁寧になり動きが一変する。安定した着地のためには、空中姿勢もバランスよくしなければならないからである。

2 苦手・つまずきの背景（視覚化）

　協応動作とは、2つの器官や機能が連動する動作のことである。例えば「大縄跳び」の場合、目で縄を追いながら、跳ぶという2つの動作を行わなければならない。そこで「手のつく位置だけ」「助走だけ」「着地だけ」と跳び箱指導をパーツに分けて指導をすることで負担を少なくし、1つ1つの動作を身につけさせることが有効だと考える。

　また視覚的に見せる方が理解できる子、音でイメージを簡単にさせる必要性のある子もいる。どういう着地がよい着地なのかが想像（イメージ）することが困難で、わからないのだ。映像、イラストなどの活用は外せない。

3 解決策（共有化）

①内村選手の映像を使い、ポイントをつかませつつ、目標にしてチャレンジさせる。

②「せーの、ピタ！」の言葉を言わせ、両足を揃えてピタッと着地するように意識させる。

③局面の限定した個別評定を用いる。

④シンクロや音楽を用いることで、楽しくかかわりをもちながら活動を進める。

　私が実践したことは、授業に入る前に、体操の内村航平選手の着地動画を見せるという方法だ（動画はYouTubeの動画を教室で見せた）。

　動画を何度かスローで見せる。そして着地したところでストップする。「ひざが曲がっている！」「足が揃っている！」という声があがる。すかさず、その場で着地の練習を入れる。映像は繰り返し見られるし、大事なところでストップして見せることもできるのでおすすめしたい。

　次に、「せーの！　ピタ！」のかけ声である。支援を要する子は、跳び方のイメージがわきにくい。かけ声で動きのイメージの中に自分を重ね合わせやすくしていく。基礎的な技能の習得をした後、ポーズを入れたり、音に

あわせて跳んだり、2人組でシンクロ跳びをしたりする。シンクロをすることで、着地が苦手な子も、隣の子を意識するので、より着地に集中して取り組むことができる。個別評定を用いてその技能の向上を図る。着地のポイントの3つができているかを見て3点満点で点数をつける。

4 初期感覚づくり

図のような場づくりを行い、跳び箱の台の上から「せーの！ ピタ！」の合い言葉と共にマットに着地させる。着地の練習を何度か行った後、一人ひとりをテストする。教師が「ひざの曲げ」「腰を落とす」「両足揃え」の3つのポイントで点数をつける。この際「ひざが曲がっていた上手い1点！」「惜しい！ 2点！」と前向きになる声かけも入れつつ点数化する。点数化することで、低学年の子も自分の課題やよさをつかむことができる。

【セリフ】腰が曲がっていたら1点、ひざが曲がっていたら1点、両足揃えてとまったら1点。3点取れたら内村選手だ！ 内村選手目指して頑張るよ！

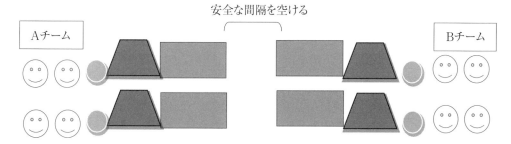

5 基礎感覚づくり

基本の3ポイントを習得した後は「1つポーズを入れてピタッと着地」の練習をする。

教師が例示を示した後は、子どもたちに自由に考えさせ、跳ぶ毎にどんどんほめていく。

ポーズも上手になってきたら、音楽をかける。元気が出る、明るいアニメの曲がおすすめだ。

さらにここで、お互いの跳ぶ様子を見せ合う。Aチームが跳ぶ様子をBチームが見るようにする（その後交代）。友達のよいところを取り入れさせ

1	忍者のような格好をして跳ぶ
2	クルッと1回転して跳ぶ
3	手を叩きながら跳ぶ
4	手裏剣を飛ばすような格好で跳ぶ
5	遠くにジャンプして跳ぶ

る。もちろん、どのジャンプでも「せーの！ ピタ！」のかけ声を入れる。

6 運動づくり

最後は隣の子とシンクロ跳びにチャレンジする。2人で息をあわせて「せーの！ ピタ！」で跳ぶ。最初は普通の跳び方で。慣れてきたら、2人で相談をし、同じポーズで、跳ぶ。

【セリフ】じゃー団体戦だ。お隣さんと楽しいポーズを考えて、動きをあわせてピタッと着地します。「せーの！ ピタ！」で息をあわせていくよ！

跳び箱運動

【小林　宏】

| 学年 | 3〜4年生 | 所要時間 | 6時間 | 準備物 | 跳び箱 |

【跳び箱遊び】
5 踏み切りが片足になり、両足踏み切りができない

●特別支援が必要な状況

1 ねらい（焦点化）

　小学校の器械運動の跳び箱では、開脚跳び・かかえ込み跳び・台上前転などがある。そのすべてで「両足踏み切り」が必要になる。踏み切りが片足になってしまえばその次の動きがうまくいかない。特別支援を要する子の中には、踏み切りが片足になり、両足で踏み切りができない子がいる。そして、リズミカルに走ることが苦手だったり、走るときに足の裏全体でついてしまったりし、自分ができないことをなかなか意識できない子が多い。そこで2人組から5・6人のグループをつくってリズム走の練習場面を設けて仲間意識を育てるようにする。そしてオリジナルのリズム走を考えてクラス全体の場で発表し合ったりする活動を通して、器械運動・跳び箱に必要な「両足踏み切り」ができるようにする。

2 苦手・つまずきの背景（視覚化）

　踏み切りが片足になり、両足で踏み切りができないいわゆる大きな運動が苦手な子は、「頭ではわかるのだけど、体が動いてくれない」と言う。

　作業療法士の福田恵美子氏は、『教育トークライン』誌No.472の中で次のようなチェックポイントを述べている。「床に立っている状態から、両足が一緒になって跳べるか。両足がばらばらに動いているか。→原始反射の残存があると床から離れられない」と言う。そして、原始反射を抑制するためのトレーニングとして、「リズミカルに歩くこと」を同誌の中で紹介している。

　また、最終目的である「両足踏み切り」の場面を図に示して視覚化する。

　ア：踏み切り板の中央部分に目印をつける。

　イ：リズム走の両足踏み切り「グッ」は、「両足を揃えてつま先で『トン』を意識させる。

3 解決策（共有化）

①教師が示すリズム走の準備運動から始める。

　「リズム」をホワイトボードに目で見える形にして、聴覚だけでなく、動き方が視覚的にもわかるようにする。

②2人組で練習したり、4人グループで練習したり、自分たちのオリジナルのリズム走を考えたりする時間を設定する。

③グループごとに全体の前で発表する時間を設定する。

4 初期感覚づくり

準備運動として、教師が示すリズム走をクラス全体で行う。

その際、教師の声が全体に通るようにマイクを使って行う。

＜リズムを表す言葉＞
①1、2、3、4………片足で交互に走る。
②グッ………………両足を揃える。
③パー………………両足を開く。

声にあわせた動きをすることで、固有感覚や平衡感覚を養うこともできる。「グッ」のとき、足裏全体をつけるのではなく、「トン」とつま先でつくようにする。

5 基礎感覚づくり

2人組でリズム走を行う。

1人が考えたリズム走を2人で行ったり、片方が先生役、もう片方が子ども役として行ったりする。また、2人で行うときに、手をつないで行うことも紹介するようにする。

これらのことを通して仲間づくりをすることができる。

6 運動づくり

5・6人グループでリズム走を行う。

グループで相談して、どんなリズムで走るかを考え、練習する。

一度に長い時間取り組ませるのではなく、5分くらいで区切って、全体の前で発表する機会をもって、お互いのグループのリズム走を見合うようにする。

一度の発表の後に、1つずつ以下のような提案をしていく。
①最後の「決めポーズ」は、ぴたっと止まるポーズにします。
②決めポーズの前は「踏み切り板」を使って必ず『グッ』にします。

運動の楽しさだけでなく、仲間とのつながりを感じることができる運動である。

＜参考文献＞
下山真二『逆あがり・とびばこ・マット運動がたった一言であっというまにできる』（日東書院）
根本正雄編著『特別支援体育　効果のある指導・効果のない指導』（明治図書）
『教育トークラインNo.472』（東京教育技術研究所）

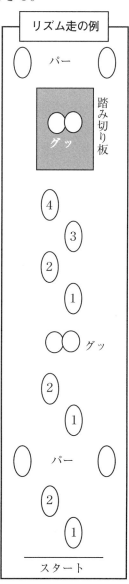

跳び箱運動　　　　　　　　　　　　　　　　　　　　　　　　　　　　　【小松和重】

| 学年 | 1〜6年生 | 所要時間 | 1時間 | 準備物 | 跳び箱幼児用・低・中・高学年用 |

6　【開脚跳び】
跳べない5％の子への対応

●特別支援が必要な状況

1 ねらい（焦点化）

　開脚跳びができるようになるポイントは、「腕を支点とした体重移動」を体感させることである。通常、「向山型跳び箱指導」のA式を5〜6回、B式を7〜8回行えば、約95％の児童は跳べてしまう。ただし、残りの5％の児童、特別支援を必要とする子どもには別の指導が必要である。原因を分析して、対応する補助や運動を行う。

2 苦手・つまずきの背景（視覚化）

　特別支援の子どもや跳べない子どもには、いくつかの共通点がある。例えば、次のような3つの特徴である。

①肥満や虚弱体質が原因で、両腕で自分の体重を支えられない。
②行進曲にあわせて行進がまったくできないほどに、リズムが狂っている。
③助走から踏み切りのところで止まってしまう。協応動作ができない。

　1981年の向山洋一氏の調査によると、95.7％は、左のA式、B式で跳べたという。残りの4.3％は、大きく分けて上の3つのような、跳べない原因がある。3つとも、跳び箱運動だけにかかわる問題ではない。教師にとって、長期間続けていかなければならない支援なのである。

3 解決策（共有化）

①教師の両方の手の平に、腰掛けた状態で両足を乗せ、手の上に立たせる。
②縄跳び、スキップ、ケンケン、ケンパーなどリズム系の運動を行う。
③1段低くしてまたぎ越しを行い、できたら、1歩助走・跳び越しを行う。

　①は、向山氏が脳性麻痺の児童を教える中で、とっさに思いついた方法である（右図）。

　②は、向山氏は、半年くらいが目処であると述べている。歩

くことも含めて、さまざまな運動を体験させることが必要である。

③は、助走と跳び越しは別の運動であり、連結させるための協応動作を身につける方法である。向山氏は、C式として付け加えている。

4 初期感覚づくり

開脚跳びにかかわる主な初期感覚は、触覚、固有感覚、前庭感覚である。

以前、触覚過敏の児童がいて、「跳び箱に手をつくと痛い」ということを言われた。クッションのような物を置いたり、柔らかい跳び箱を使用したりするとよい。

固有感覚は、開脚跳びで言うと、跳び箱に体をぶつけずに足を開き、おしりが跳び箱につかないようにコントロールするような感覚である。また、「両腕で体重を支える」ことを意識させるために、肩が腕よりも前に出ていることを映像で気づかせるとよい。鉄棒やジャングルジム、アスレチックなどの遊具で遊ぶ経験も大切である。

前庭感覚は、平衡感覚とも言われている。鍛えるには、ブランコ、すべり台、トランポリン、バランスボールなどが効果的である。

5 基礎感覚づくり

根本正雄氏によると、跳び箱運動に必要な感覚は、「逆さ感覚」「振りの感覚」「バランス感覚」「高さ感覚」などである。次の運動からいくつか選択して、毎時間、授業の初めにやるとよい。

| 【逆さ感覚】○かえる倒立　○ブリッジ　○足打ち跳び（2～3回） |
| 【振りの感覚】○ブランコで振る　○こうもり振り（下り）　○シーソー |
| 【バランス感覚】○腕立て跳び上がりおり　○ゴムとび　○輪跳びケンパー |
| 【高さ感覚】○台上からの跳びおり　○ジャングルジム登りおり　○登り棒 |

6 運動づくり

開脚跳び指導の流れである。

①全員開脚跳びを跳ぶ（高さは1学年につき1段が目安。4年生なら4段。1段低く始めてもよい）。大きさ（長さ）は、高学年用、中学年用、低学年用、幼児用の4種類あるのが理想的。

②跳べない子を集める。跳べる子も近くに座らせる。

③向山型跳び箱指導A式を行う。通常5～6回。もう少し多くてもよい。

④向山型跳び箱指導B式を行う。手に掛かる体重が軽くなるので、最後は手を引っ込める。

⑤それでも跳べない子については、別途前述したような運動を行う。

⑥全員跳べたら、見ていた子にも感想を聞き、全員に作文を書かせ、学級通信で紹介する。

＜参考文献・HP＞

向山洋一『跳び箱は誰でも跳ばせられる』（明治図書出版1981）

根本正雄「跳び箱運動（開脚跳び）につながる基礎感覚・基礎技能作り」
　http://www.tos-land.net/teaching_plan/contents/6909　TOSSランドNo.1211093

跳び箱運動						【松田裕介】
学年	5～6年生	所要時間	1時間	準備物	跳び箱　マット　踏み切り板	

【台上前転】
7 スモールステップで台上前転の習得へつなげる

●特別支援が必要な状況

1 ねらい（焦点化）

　スモールステップで、「できる楽しさ」、「できる喜び」を連続保障し、マット1枚での前転から徐々に高さを上げて台上前転につなげたい。また台上前転の動きを助走、踏み切り、着手、回転、着地と細分化する。つまずきに応じた支援、適切な場の設定を行い、習得につなげていく。

2 苦手・つまずきの背景（視覚化）

　体育・保健体育、健康、安全ワーキンググループにおける審議の取りまとめについて（平成28年1月）には、「複雑な動きをしたり、バランスを取ったりすることに困難がある場合には、極度の不器用さや動きを組み立てることに苦手さがあることから、動きを細分化して指導したり、適切に動きを補助しながら行うなどの配慮をする」、「自己分析から適切な目標を考えることが難しい場合、目標の達成感が得られるよう、目標をスモールステップで考えられるようにする」など困難な場面に対する配慮の意図・手立てが示されている。したがって細分化・スモールステップが示されたイラスト、学習カードを提示して視覚化する。そして技の全体像を把握してイメージをもたせたり、達成への見通しをもたせたりすることへつなげる。

3 解決策（共有化）

①スモールステップで段階を追って指導する。

　易から難へスモールステップを踏んで子どもができる達成感を味わわせていく。学習カードや掲示物などに達成までのステップを視覚的に示す。

②台上前転の動きを細分化して指導する。台上前転につまずく要因として、高さへの苦手意識、まっすぐ回れない、腰が上がらない、着手の仕方や位置、頭のつけ方などさまざまあげられ

る。細分化されたイラストやタブレット等で撮影した動画を活用し、つまずきを動きの中の一部分として捉えさせる。その後、つまずきに応じて限定して支援する。

4 初期感覚づくり

①太鼓のリズムにあわせて走る、②スキップ、③ケンケンパー、④ケンケングー、⑤かえる倒立、⑥かえるの足うちなどテンポよく、ポイントをおさえて毎回行う。その中で馬跳び、ジャンケンおんぶ、ジャンケン手押し車などペアの運動も取り入れていく。友達とのかかわりやコミュニケーションをとる中で、平衡感覚・腕支持感覚などを養うことができる。

5 基礎感覚づくり

跳び箱に移行する前にマットで前転の習熟、高さへ慣れさせていく。

①マット1枚：跳び箱の幅と同じテープの間からはみださないようまっすぐな前転を意識させる。また2人で横に並んでの前転、2人で向かい合っての前転などもまっすぐな前転を意識させるために有効である。声を出すことで、コミュニケーションにもつながる。

②マット2枚〜4枚：マットを横に使うことで、1つの場で4人同時に行うこともできる。スモールステップの段階とともに、空白禁止・運動量を確保できる。

③マット5枚：マット5枚は、跳び箱1段分の高さになる。腰の高い前転を行うために、「マゲ・マゲ・ピン」、「トン・トン・トーン」などのイメージ語は有効である。

6 運動づくり

根本正雄氏が提唱する台上前転の3技術につながる運動づくりを行う。

①腰を上げる（腰の引き上げ技術）。

| 指示：両足で強く床を蹴って、腰を高く上げなさい。

トン・トン・トーンのリズムで両足で力強く踏み切り、腰を高く上げさせる。

②着手の位置・仕方を確認する（腕支持・肩出し技術）。

| 発問：回るときに跳び箱のどこに手をつけばよいですか。

A：跳び箱の手前、B：跳び箱の中央、C：跳び箱の前方。実際に行って前方であることを確かめる。また親指が見えるようにして跳び箱の横をつかむと、頭が入りやすい。

③頭のつき方を確認する（順次接触の技術）。

| 発問：手をついた後、頭のどこをつけるようにするとうまく回れますか。

A：頭のてっぺん、B：頭の後ろ、C：頭はつけない。頭をつけないで回ることを意識すると、後頭部がかすかに触れて、なめらかに回れるようになる。また「へそを見る」ことで視点も定まり、スムーズな回転につながる。

8章 「陸上運動」苦手徴候と克服する指導ポイント

陸上運動

【掛　志穂】

| 学年 | 幼児～2年生 | 所要時間 | 砂遊びの時間 | 準備物 | 坂のある場所 |

1 【どろんこ】泥だんごの転がし・手先の不器用さを直す

●特別支援が必要な状況

1 ねらい（焦点化）

　特別支援を要する子の中には、手先の不器用さや体幹がふらつく姿が見られる。これが原因で活動がうまくいかず諦めて、自己肯定感が下がるというサイクルに陥ってしまうこともある。泥だんごの転がし遊びは、泥だんごづくりと築山の上り下りという運動を合体することで、自己肯定感を高めながら楽しく手指の動きと体幹を鍛えることができる遊びである。さらに、友達と一緒にすることで仲間意識を養うこともできる。

2 苦手・つまずきの背景（視覚化）

　泥だんごをつくるとき思うように形をつくれなかったり、泥だんごを転がして壊れてしまったり、自分が転んでしまったりすると自己肯定感が下がってしまう。背景として、「泥だんごのつくり方がわからない」「手指の力加減が苦手でうまく丸められない」「泥に対する抵抗感がある」「体のバランスをとりにくい」「がんばりを認められていない」などがあげられる。意欲をもって繰り返すことで、自然と手指の力加減や体のバランスの保持の練習になる。

3 解決策（共有化）

　泥だんごをつくって転がすことに意欲をもてるようにするために、次の方法がある。

①導入に絵本の読み聞かせをする。

　泥に対する苦手意識をなくし、泥だんごづくりに興味をもつために、絵本『どろだんご』（たなかよしゆき著・福音館書店・2002）の読み聞かせはちょうどいい。

②一緒に泥だんごをつくる。

③教師が諦めずに挑戦する姿を見せる（手本になる）。

④転がす喜びを感じるために、泥だんごをつくれないときは教師が用意した泥だんごを渡す。

⑤やる気を認めていく。

⑥泥だんごづくりのポイントを教師が知っておく（下図）。

1．土に水をたっぷり混ぜてとろとろ感覚を楽しむ。

2．とろとろの泥をギューッと握る。

3．少し乾いた土を混ぜて握りながら、形を整えていく。

4．大きい泥だんご。小さい泥だんご。いろいろつくってみる。

　ポイントは、「粘土質の高いものだと壊れにくい」「小さいほうが壊れにくい」「1日乾かす

と固くなる」などがある。いずれにしても、子どもたちが「つくって遊びたい」と思えるようにかかわることが重要である。

4 初期感覚づくり

転がし遊びをするために手指を使い泥だんごをつくることは、触覚を養い手指の感覚を鍛えることにつながる。泥だんごを転がすために築山に登り、上から転がして追いかけながら築山を駆け下りることで、走力に一番大切な腸腰筋をつけることになる。繰り返し行うことで運動に大事な初期感覚をつくることができる。

泥だんごをつくる場所は、意欲保持のため転がし遊びが見える場所がいい。泥だんごをつくる環境がないときは、ペットボトルのキャップなどで転がる物をつくり手指の感覚を養うこともできる。また、それも難しいときは、ボールなどを代用することで築山を登る、駆け下りるという動きはできる。築山がない場合は、マットで低い傾斜をつけるなどして安全に上り下りできる環境を工夫するといい。

5 基礎感覚づくりをしながら自己肯定感を高める

何回も転がし遊びを繰り返すことで、駆け下りるときに体のバランスを保持したり、姿勢の傾きを身につけたり、回転や胴の加速度を感じたりすると共に、動きをコントロールする基礎感覚をつくっていく。これは体幹を鍛えることにもなる。夢中になって繰り返すためには、判断基準をわかりやすいものにし、「できた」「できなかった」を自分で判断できるものにする。

＜判断基準＞
①泥だんごが壊れなかった。
②転ばずに築山を駆け下りることができた。

この判断基準に教師の声掛けをたすことで、子どもたちの自己肯定感はさらに高まり、夢中になって転がし遊びを繰り返し楽しみ、力をつけることができる。大事なことは、子どものできたことを具体的に認めて励ますことである。「さっきより遠くまで転がったね」「最後まで壊れない！」「よくみて走ったね」「転んだけどもう１回するの？ 強いなあ」などである。

6 友達とかかわる転がし遊び

活動がうまくいき、自己肯定感が高まるサイクルにするために、友達と一緒にする楽しさを味わえるようにする。
①友達の足のトンネルをめがけて転がす。
②足のトンネルの数を増やし、何人抜けができるかを競う。
　転がした物を取りに行くのは転がした子どもにする。

8章 「陸上運動」苦手徴候と克服する指導ポイント　89

陸上運動　　　　　　　　　　　　　　　　　　　　　　　　　　　　【高杉祐之】

| 学年 | 3〜4年生 | 所要時間 | 短時間（年間を通じて） | 準備物 | なし |

2 【かけっこ】まっすぐに走れず、曲がってしまう

●特別支援が必要な状況

1 ねらい（焦点化）

　まっすぐに走れず曲がってしまう子がいる。特に低学年に多く、これはボディーイメージの未発達が原因である場合が多い。「ボディーイメージ」とは自分の体の実感のことで、この感覚が弱いと、力の入れ加減、関節や筋肉の曲げ加減、伸ばし加減ができないため、運動がぎこちなくなってしまう。さらに触覚、固有覚、前庭覚が脳で上手に統合されていないことも考えられる。そこで、体育の学習でさまざまな体の動きを経験させ、ボディーイメージを育てていく。

2 苦手・つまずきの背景（視覚化）

①手足の力の入れ加減が上手にできない（固有覚の未発達）。

②ラインなどを感じ取りにくい（触覚の未発達）。

③姿勢や重心の傾きを感じ取りにくい（前庭覚の未発達）。

　まっすぐ走れるようになるには、いずれの感覚も大切である。特に重要なのが前庭覚の発達である。すぐに身につく感覚ではない。一度で鍛えようとするよりも、短く何回も継続して取り組み、感覚を育んでいく方が効果的である。体育の授業のはじめに行うのがよい。準備体操や体づくり運動などと一緒にあわせて行うことができる。

3 解決策（共有化）

①体育の学習時間で毎回。　②少しの時間で行う。　③楽しんで行えるように工夫する。

　毎時間の体育の学習で行うので、シンプルなものがよい。そして、少しずつ変化をつけることのできる運動であると飽きずに1年間継続して取り組むことができる。特に前庭覚（バランス感覚）を育てるためには、日常生活では経験しにくい運動を行うのがよい。

　例えば、またくぐり、手押し車、ケンケンパなどである。どの運動も普通に生活していると経験しない運動である。これらの運動は変化をつけやすく、飽きることなく継続して取

り組むことができる。また、やり方を工夫することで、仲間意識をつくることにもつながる。

4 初期感覚づくり

2人組や4人組で行う。ボディーイメージや前庭覚を育てるだけでなく、友達との接触を通して仲間づくりをすることができる。

【またくぐり（開脚）】＜方法＞

①4人組になる。②4人が縦1列に並び、一番後ろの子からまたをくぐる。③全員のまたをくぐったら、先頭に並ぶ。その繰り返しで行っていく。20mくらい行うだけでも、汗をかくほどの運動量が授業時間内で確保できる。

【手押し車】＜方法＞

①2人組になり、手押し車の形になる。②「10秒我慢しよう」「1歩だけ歩いてみよう」と簡単な指示を出す。この姿勢を維持するだけで精一杯の子がいるので、足をもつ子は、足を押したり引いたりすることのないようにあらかじめ説明しておく。

5 基礎感覚づくり

初期感覚づくりの運動に変化をつけて行う。運動量が確保され楽しく取り組むことができる。

【またくぐり（前屈）】＜方法＞

①4人組になる。②4人が縦1列に並び、前屈をする。③あとは初期感覚づくりと同じ。手を床につけさせることで柔軟性も得ることができる。

【手押し車】＜方法＞

①2人組になり、手押し車の形になる。②「動いてみましょう」と指示を出す。③「笛がなったら近くの人と『おはようございます』をします」と指示を出す。動くことで負荷が高まる。

動きに慣れてきたら、ゲームの要素を取り入れる。そうすることで、運動量が飛躍的に高まり、楽しんで感覚づくりを行うことができる。

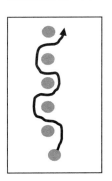

6 運動づくり

【またくぐり（大人数で多様な運動）】＜方法＞

①8～10人組になり体育館の往復で順位を競う。②「またくぐり（開脚）」、「またくぐり（前屈）」、そして友達の間を「ジグザグに走る（右図）」を組み合わせる。

【手押し車】＜方法＞

次のように説明する。「手押し車をします。笛がなったらながらじゃんけんをします。勝ったら進化することができます。手押し車→ぴょんぴょんカエル→お猿さん→人間です。負けたら退化します」ぴょんぴょんカエルはかえる跳び、お猿さんは中腰で猿のマネである。このように進化ゲームの要素を取り入れることで、熱中して取り組むことができる。

陸上運動

【工藤俊輔】

| 学年 | 3～4年生 | 所要時間 | 6時間 | 準備物 | 電子ホイッスル　マラソンカード |

③ 【折り返し持久走】
長く続けて走れない

●特別支援が必要な状況

1 ねらい（焦点化）

持久走という言葉だけで「疲れる」「やりたくない」という声をあげる子がいる。そこで「楽しい」と思えるような持久走を考える必要がある。ADHDの子などは前頭葉を育てるために神経伝達物質のドーパミンやノルアドレナリンを必要とする。走りながらも友達とかかわり、応援されることで「疲れ」を「楽しさ」にかえたい。

2 苦手・つまずきの背景（視覚化）

いきなり校庭を何周も走るやり方も、確かに持久力は上がるだろう。しかし、体育嫌いが増える。そもそも体育授業における持久走は、その名称が示す通り、体力を高めることをねらって「動きを持続する能力を高める運動」（文部科学省2008）として位置づけられている。持久走の学習では、児童はランニングが備える「はずむ楽しさ」「落ちる楽しさ」といった運動特性を味わうことよりも、体力づくりを目標として計画されたペース走を学んでいることが現状である。そこで、一定のペース（自分にあった距離）で走るための山本貞美氏及び桑原和彦氏が実践された「折り返し持久走」を提案する。

①ペアを組みます。先に走る人を決めます。
②スタートは固定。ペアの子を座らせる。
③10秒で折り返すところは自分で決める。目印を置く。
④1回だけ試しに走る。10秒をすぎる、余裕があるなら距離を調整する。
⑤ペアの子は、10秒で戻ってこられた回数を数える。ハイタッチをする。

はじめに、1人の子にやらせることでイメージができる。お手本は、特別な配慮を要する子にやらせる。やりながらイメージがつくれる。

折り返しをして、スタートにいるペアの子にちょうど10秒でタッチできるようにする。その際に、10秒よりも速すぎたり、遅すぎたりしたら点数には入らない。以下のような場を設定することで、自己のペースが守れ、競争にならないようになっている。

3 解決策（共有化）

①少しずつ時間を増やしていく。
②達成感を味わえるようにマラソンカードを活用する。

③高学年の場合は心拍数を測定し、運動と心拍数の関係を知らせる。

　いきなり長時間も走らせたら、嫌になる。毎時間30秒ずつ増やしていく。少しずつ時間を延ばすことで走ることの抵抗をなくす。長距離走と折り返し持久走の基本的な違いは、一般的な長距離走が走る距離を一定にし、速さを競うのに対し、折り返し持久走では、折り返し時間を一定にし（結果的に全員の走る時間が一定になる）、それぞれが走る距離を変えている点である。

　達成感を味わうためにマラソンカードを活用する。マラソンカードは校庭を１周したら塗る学校も多い。今回は折り返し走るで１点につき１つ色を塗る。毎時間、塗る色を変えることで、同じ時間で距離が伸びれば体力がついたことなど確認できる。

　高学年の場合は、走る前と走った後の心拍数を計る。いつもの距離で心拍数が下がれば、より距離を伸ばす。距離が伸びたのは、体力が身についた証拠であると伝えることができる。

4 初期感覚づくり

　まっすぐ走れない子のためにコースをかくことも考えられる。体育館であれば、体育館のラインを活用する。また、ペアの活動なので、友達との接触（タッチ回数）を通して仲間づくりをすることができる。自然と応援する声も聞こえてくる。

5 基礎感覚づくり

　折り返し持久走のため、折り返すときに振動・回転感覚を身につけることになる。

　また、走りやすいペースを設定するために、「速いペース」と「遅いペース」の両極を体感することができる。

6 運動づくり

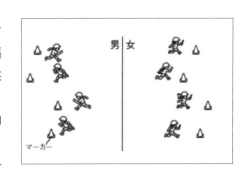

　必要に応じて時間を10秒から15秒に延ばす。継続することで一定のペースをつかむことができる。応用編としてバトンパス折り返し走もある（右図）。特に寒い日はペアの子の体が冷える。だから一斉に走らせるのだ。①男女ペア。②10秒で帰ってこられる場所に印を置く。③女子がバトンをもつ。④合図で走り出す。⑤スタートラインに来たときにバトンを渡す。⑥渡せたら１点。折り返し持久走のルールを変えることで、違ったゲームとなる。変化の繰り返しである。

＜参考・引用文献＞
桑原和彦氏指導案（2016年 TOSS体育フレッシュセミナー IN 茨城）
佐藤善人・藤田勉『小学校体育における持久走に関する研究』（ランニング学研究2010）
江刺幸政「教材構成への新たな視点・・・山本貞美実践の検討」（広島大学院紀要2002）
山本貞美『生きた授業をつくる体育の教材づくり』（大修館書店1982）

陸上運動

【毛利康子】

| 学年 | 1～4年生 | 所要時間 | 3時間 | 準備物 | マット　跳び箱（1段目）　踏切板　巻尺 |

4 【立ち幅跳び】
踏み切るタイミングがつかめない

●特別支援が必要な状況

1 ねらい（焦点化）

　立ち幅跳びは、テクニカルポイントを押えて指導すれば、特別支援の子どもでも跳ぶ距離を伸ばすことができる。根本正雄式立ち幅跳び指導法を追試すればよい。①ひざを曲げる、②手を振る、③つま先で跳ぶ、これだけだ。特別支援の子どもほど記録が伸びていく。友達の伸びを認めたり、健闘をたたえ合ったりすることができるので、仲間意識を育てることができる。特別支援の子どもにも有効な方法である。

2 苦手・つまずきの背景（視覚化）

　特別支援の子どもや運動の苦手な子どもの跳べない原因は、以下の4点である。
①どの位置から踏み切るかがわからないこと
②ひざが伸びたまま、突っ立った形で跳ぶこと
③手を振らないで跳ぶこと
④いつ踏み切るのかがわからないこと

　そこで、教師が、跳べない方法と跳べる方法で示範し、どこが違うか視覚化する。

踏み切りの位置から離れてしまう。
ひざが伸びたまま跳ぶ。

3 解決策（共有化）

①2種類の示範を行う。②テクニカルポイントを引き出し、確認する。
③場づくりをして、どんどん成功体験を味わわせる。

①教師が2種類の跳び方を示範する。

　特別支援の子どもや運動の苦手な子どもには、実際に教師がやって見せる。そのとき、違いを発見させていく。「先生が跳べない方法と跳べる方法でやってみます。どこが違うか、よく見ていて下さい」「どちらが遠くに跳べますか？」「A・B、どちらですか？」

②発問し、テクニカルポイントを引き出す。
　「どうして、Bの方が遠くに跳べるのですか？」
C：「手を振っています」
C：「ひざを曲げています」（つま先から跳んでいることがわからないときは、ズックを脱いで、靴下で示範をする）C：「つま先から跳んでいます」

③場づくりをして、どんどん成功体験を味わわせる。
　・マットは壁につける（村田淳氏の追試）。

・写真のように「跳び箱」「踏切板」「距離調節器箱」「マットのみ」の4種類の場を用意。
・「跳び箱の1段目」の上から、「踏切板」の上から、「距離調節器箱」の上から、マットのみの順で跳ばせて、記録を測る。伸びたら大いにほめる。

4 実際の指導

①指導する前に、立ち幅跳びの記録を取る。F児：30cm、G児：80cm。
②2種類の示範を見せる。
③「どうして、Bの方が遠くに跳べるのですか？」と聞く。
・「手を振っている」「ひざを曲げている」ことは、見つけることができた。
・「つま先から跳んでいる」ことは出てこなかった。
④踏み切る位置を確認する。足のつま先は、マットにつけるように話す。
⑤ひざを曲げて跳ぶことを確認する。
⑥手を振ることを確認。
⑦マットのみの所で跳ぶ。F児：35cm、G児：88cm。
⑧伸びを伝え、一緒に喜ぶ。
⑨「跳び箱の1段目」の上から跳ぶ示範を見せる。
⑩気づいたことを発表させる。
・「つま先から跳んでいる」ことに気づく。
⑪「跳び箱の1段目」から跳ぶ練習をする。F児：50cm、G児：98cm。

⑫伸びを伝え、一緒に喜ぶ。
⑬「いつ踏み切るか、タイミングがわからないときは、声を出します」とかけ声を確認する。
　根本式では「息をはく、すう、はく」のところである。特別支援の子どもは、「はく」、「すう」がうまくできないので、両手を振りあげて振り下ろすときに「いーち、にー、さんー」のかけ声を出すことにした。「さんー」と言ったら跳ぶ。
⑭「踏切板」の上から跳ぶ。
⑮教師も児童と一緒に「いーち、にー、さんー」のかけ声を出して、跳ぶタイミングを取りやすくする。F児：55cm、G児：107cm。
⑯伸びを伝え、一緒に喜ぶ。
⑰「距離調節器箱」の上から跳ぶ。F児：57cm、G児：110cm。
⑱伸びを伝え、一緒に喜ぶ（数値が伸びていない場合は、ひざ、手の振りなどをほめる）。⑲「マットのみ」で跳ぶ。
⑳教師も児童と一緒に「いーち、にー、さんー」のかけ声を出して、跳ぶタイミングを取りやすくする。F児：60cm、G児：128cm。
㉑伸びを伝え、健闘をたたえ合う。F児：30cm→60cm、G児：80cm→128cm。
　授業の最後に、友達の伸びを認め、健闘をたたえ合うことで、立ち幅跳びでも運動の楽しさだけでなく、仲間とのつながりを感じることができる。

陸上運動　　　　　　　　　　　　　　　　　　　　　　　　　　　【前田哲弥】

| 学年 | 3～4年生 | 所要時間 | 5時間 | 準備物 | ミニハードル　ゴム |

5　【幅跳び】
助走から踏み切って跳べない

●特別支援が必要な状況

1 ねらい（焦点化）

　学習指導要領が示す小学校中学年の幅跳びで身につけさせたい技能は2つある。短い助走からリズミカルに踏み切ること、そして、ひざを曲げて両足で着地することである。この2つの技能を、リズム言葉とミニハードルを使った変化のある繰り返しの中で身につけさせる。

2 苦手・つまずきの背景（視覚化）

　助走から踏み切って跳ぶ動きは、特別支援を要する子も含め運動が苦手な子どもにとっては難しい運動である。身体軸の安定と協調動作が必要となるからである。しかし、スモールステップで踏み切るという経験を数多くさせることによって、技能を向上させることができる。

　図1のように、砂場につなげてミニハードルを並べて置いた場をつくる。ハードル間に2歩ずつ足をついて踏み切り、最後は砂場に着地する。踏み切る場所がハードルで視覚化されているので、子どもたちは授業の中で、自然に何度も踏み切って跳ぶという経験を積むことになる。

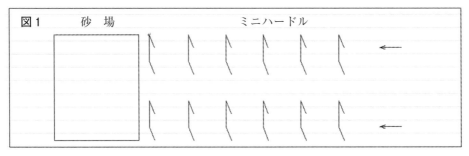

3 解決策（共有化）

①踏み切りのリズムをリズム言葉として共有化し、そのリズム言葉を言いながら跳ばせる。
②よい着地のコツを発見させ、ペアでできているか見せ合う。

　走ってきて上手に踏み切るためには、最後に足をつくリズムを速め、すばやく踏み切って跳ぶとよい。しかし、その動きのコツを直接子どもに教えるのは難しい。また、リズムを取りながら体を動かす経験が少ない児童や、苦手な傾向をもつ子どももいる。そこで、よい踏み切りの動きを、「タ・ターン」というリズム言葉にして伝え、みんなで共有化する。「タ・ターン」と口に出して言いながら、みんなで体を動かしたり、各自跳ばせるようにしたりする。

　また、着地については、砂場に一番近い最後のミニハードルをふつうのハードルなどに変えて高くして跳ばせる。「足をどのようにして着地しているか？」と発問し、「ひざを曲げてやわらかく着地していること」、「両足をそろえて着地していること」の2つのよいポイントを発見させ、共有化する。その後、ペアを組ませて着地のポイントができているか見せ合い、○か△かお互い評定させる。見るポイントが1つだけなら、お互いの動きを評定することができる。

4 初期感覚づくり

まず、「タ・ターン」のリズムで体が動くことに慣れさせる。以下のスモールステップで行う。
①教師が「タ・ターン」と口に出して言い、子どももそれを口真似して言う。
②教師が「タ・ターン」と言いながら手拍子して見せ、子どももそれを真似する。
③教師が「タ・ターン」と言いながら足踏みして見せ、子どももそれを真似する。
　①～③をやった上で、ミニハードルを並べた場で跳ばせるようにさせる。

5 基礎感覚づくり

上記の初期感覚づくりの後、図1のようなミニハードルを並べた場で繰り返し踏み切って跳ばせる。苦手な子も繰り返すことにより、できるようになっていく。このとき大切なことは、リズムを口にしながら跳ばせることである。作業療法士の福田恵美子氏も感覚統合の観点から、跳躍運動の際には「大きな声を出しながら、音声と動作を同時に行う」ことの有効性を指摘している。また、跳んでいない児童にとっても繰り返し耳に入ることでリズムがインプットされる。

ミニハードル間の距離は、4年生で150cm～200cm程度の範囲である。しかし、子どもの習熟度に応じて距離を広げていくのもよい。動きが上達してくると、広げてもスピードを上げてリズムよく踏み切れるようになってくる。ただ、広げすぎは禁物である。大股での踏み切りになってしまい、ねらいとする「タ・ターン」のすばやいリズムで踏み切れなくなってしまう。

6 運動づくり

前述のような流れで、基本的な動きを十分に習熟させた後は、次のように学習を進めていく。
①最後から2台目のハードルを抜いて跳ばせる。最後は「1・2・タ・ターン」の4歩踏み切りになる。4歩になっても最後の2歩を「タ・ターン」の速いリズムで跳ぶことを確認する。
②さらに、もう1台ハードルを抜いて跳ばせる。最後は「1・2・3・4・タ・ターン」の6歩踏み切りになる。6歩でも最後の2歩を「タ・ターン」の速いリズムで跳ぶことを確認。
③自分がどこまで跳べるかにチャレンジする場を設ける。ゴムひもを砂場に斜めにして置き、端を杭などで固定する。跳ぶのが苦手な子は近くに張ってあるゴム、得意な子は遠くに張ってあるゴムを目標にして跳ぶ。着地足がゴムを越えたかペアで見合いながら跳ぶ（図2）。

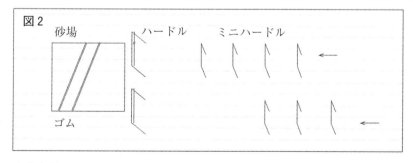

＜参考文献＞
「学習指導要領解説・体育編」（文部科学省H20）
日本陸上競技連盟編『キッズの陸上競技』（大修館書店）
根本正雄編『走り幅跳びの習熟過程』（明治図書）
福田恵美子氏論文『教育トークライン』No466

陸上運動					【大谷智士】
学年	3～4年生	所要時間	5時間	準備物	ミニハードル

6 【ミニハードル】
スピードがなく、跳び越せない

●特別支援が必要な状況

1 ねらい（焦点化）

　ハードル走は、スピードを落とさずにハードルを越えたときやハードル間をリズミカルに走ることができたときに楽しみを感じる。しかし、走りながら跳ぶという2つの動作を苦手とする特別支援の子どもは、ハードルの前で止まってしまう。運動遊びで基礎感覚を養い、仲間の声や動きをあわせることで楽しみながら跳び越えることができる。

2 苦手・つまずきの背景（視覚化）

　特別支援を必要とする子どもは、ミニハードルの前でスピードを落としてしまう一番の理由は、協応動作が苦手なことである。「走る」と「跳ぶ」の2つの動作を同時に行うことができない。止まってから跳ぼうとするため、スピードがなくなってしまう。結果、ミニハードルをまたいでしまう。ハードル走の楽しさは、ハードル間をリズムよく走ることであるが、いきなり数台を跳ばすのではなく、1台を跳ぶことから始める。恐怖心をなくすためにも扱う道具も金属製のものよりも、柔らかい素材のものがよい。

（○走る）　　　　（○跳ぶ）　　　（×走りながら跳ぶ）

3 解決策（共有化）

①1台のミニハードルで跳ぶことに慣れる。
②スタートとゴールの間にミニハードルを1台置く。→走ってきて1台を跳び越える。
③ミニハードルの台数を増やす。→自分の跳びやすい場所にミニハードルを置く。
④ハードル間を変えた場づくりをする（3m、4m、5m、6m）。
⑤シンクロハードルをする（グループのメンバーの声にあわせて、動きをまねる）。

4 初期感覚づくり

- 両足で跳ぶ（前後に10回跳ぶ。左右に10回跳ぶ）。
- 片足で跳ぶ（右足、左足）。
- 5通り跳び方を考えて、跳ぶ。
- ペアやグループになり、友達の跳び方をまねする。
- ペアやグループでのよい動きを取り上げ、全員で挑戦する。

その場で跳ぶ、少しの助走から跳ぶ動きをたくさん経験させる。ペアやグループでの動きをまねさせることで、思いつかないような動きを経験させ、ミニハードルを跳ぶことに慣れさせる。

5 基礎感覚づくり

ペアやグループで決められた距離（20m程度）を走る。いきなりたくさんの台数にするのではなく、1台から始め、2台へと台数を増やす。2台になることで、ハードル間の歩数をどうすればいいか工夫するグループも出てくる。

- グループで1台のミニハードルを使う。
- スタートからゴールの間にミニハードルを置く。
- どこに置くかは、グループで相談する。
- ハードルの台数を増やす。どこへ置けばリズムよく走ることができるか相談する。

6 運動づくり

ハードル走のように、一定のハードル間で置かれた数台のミニハードルをリズミカルに走る。レーンごとにハードル間を3m、4m、5m、6mと変える。スタートの位置を変えて、ゴールの位置をそろえることで、ハードル間が短いレーンは、走る距離も短くなる。自分にあったレーンを選ばせ、競争させる。

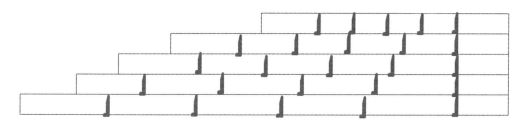

シンクロハードル。声を出しながら走ることで、ハードル間の動きをあわせることができる。動きがそろうことで一体感を味わうことができ、仲間づくりにもつながる。

- 1台目のハードルの着地を「いち」、2歩目を「にい」、3歩目を「さ」、4歩目の踏み切りを「よーん」と走る。
- グループ全員が成功すれば、さらにハードル間の長いレーンに挑戦する。

ミニハードルの前で止まってしまうのは、動きの経験が少ないから。遊び感覚で運動をたくさん体験させ、友達の動きをまねすることでリズミカルに走ることができるようになる。

水泳

【望月　健】

| 学年 | 1～2年生 | 所要時間 | 5時間 | 準備物 | バケツ　水鉄砲　ホース　水中メガネ |

1 【水遊び】なかなか、水に慣れない

●特別支援が必要な状況

1 ねらい（焦点化）

まず、見通しをもたせ、活動に対しての不安感をなくす。活動をさせる際は予告と承認を行って、指導に対する拒否反応をなくす。子どもの水に対しての抵抗感や恐怖感をなくしていくために、子どもが楽しいと感じる遊びをする中で子どもが水に慣れ、水中でリラックスでき、水の中にいて心地よいという体験をさせていく。

2 苦手・つまずきの背景（視覚化）

(1) 見通しがもてないこと

発達障害のある子は「何をどのくらいすればできるようになるか」がわからないと不安になってしまうことがある。そこで、下図のように泳げるまでのステップを視覚化して提示し、泳げるまでの見通しをもたせる。

| ①水に慣れること。 | ②水に浮くこと。 | ③蹴伸びからバタ足ができること。 | ④息継ぎができること。 |

提示したあとに、「今は①の『水に慣れること』をしていこうね」と声をかけることで、今どこをしているのかが子どもたちにわかり、子どもたちも安心して授業を受けることができる。

(2) 予告と承認がないこと

教師がどんなによいと思っていることでも、いきなり子どもにさせると子どもが拒否反応を示すことがある。発達障害のある子であれば尚更である。そこで、教師がしようと思っていることについて、事前に子どもに「○○をするよ」と予告をし「大丈夫かな？　先生が一緒だから安心だよ」と子どもの承認を得ることで拒否反応を防ぐことができる。

3 解決策（共有化）

①教室で子どもたちに話をする。

②遊びの中で水慣れを図る。

③抱っこして、励まして、ほんの少しのがんばりを認め、ほめる。

子どもに趣意説明をする。「3年生になっても、4年生になっても中学生高校生になっても水泳はあるのですよ。逃げてないで、今のうちに泳げるようになりなさい。先生がついていますよ」（『向山全集9　「体育授業を知的に」』P75）。

泳ぐ準備ができた際、いわゆるスパルタ方式は避ける。特に発達障害のある子どもにとっては、そのことがトラウマとなってしまう可能性がある。その子は水が怖いのである。楽しく水遊びをすることを通して、徐々に水に慣れさせていく。水に慣れさせていく中で、「顔に水がかかっても怖がらなくなったね」と、ほんのちょっとの進歩や達成を認め、ほめていく。

4 初期感覚づくり

　教師が子どもをおんぶしてプールの中を歩くと、子どもの水への恐怖感を軽減することができる。ときどき、教師がわざと足を滑らせるふりをして、子どもの顔に水がかかるようにさせることで、顔に水がかかっても怖くないことも体感させることができる。

＜方法（予告と承認を行いながら）＞
①手をつないで子どもと一緒にプールに入る。難しければ、この時点でおんぶする。
②おんぶしながらプール内を歩く。「プールは気持ちいいね」など、子どもに声をかけながら歩くと効果的。
③時々わざと足を滑らせ、子どもの顔に水がかかるようにする。
④水がかかった際は、まず「ごめんね」と子どもに謝る。
⑤水がかかっても泣かなかったりしたら、大きくほめる。

5 基礎感覚づくり

　遊びを通して顔に水がかかっても大丈夫なように慣れさせていく。学校での指導に加え、ご家庭への協力のお願いも同時に行うとよりよい。

＜方法＞

①水かけ遊び(1)	②水かけ遊び(2)	③シャワー遊び	④水かけ入れ遊び

水鉄砲で水をかけ合う。水が体に当たる感覚がとても心地よい。	ホースでの水かけ。水鉄砲よりも強い感覚で当たり気持ちよい。少しだけ、頭や顔にもかける。	髪の毛を洗う真似をしたり、上を向いてシャワーが出ているところを見させたりすると楽しい。	バケツを頭の上にのせ、水をかけ入れる。バケツをもつ人にたくさん水がかかるのがポイント。

6 運動づくり

　ここまでできたら、一緒に水中に潜る練習をする。

＜方法＞
①教師と子どもとが手をつないでお互い向かい合う。
②「笑うと負けよ、あっぷっぷ」で一緒にプール内に潜る。
③できるようになったら、片手はつないだままで、もう片方の手で水中じゃんけんをする。

　教師と子どもとが一緒になって、見通しをもたせたり予告と承認を得たり子どもの水に対しての過剰な恐怖心を克服させてあげることが、顔を水につけられない子にとって、泳げるようになる第一歩である。

9章 「水泳」苦手徴候と克服する指導ポイント　101

水泳

【迫田一弘】

| 学年 | 1～2年生 | 所要時間 | 5時間 | 準備物 | 洗面器　シャワー　学習カード |

2 【水遊び】水中で目をあけられない！！

●特別支援が必要な状況

1 ねらい（焦点化）

水が怖いと感じている児童が、水と親しみ、怖がらなくなるには、水中で目があけられることである。そのために、さまざまな方法で水に慣れることを取り入れる。最終ゴールを水中で目をあけられることとする。

2 苦手・つまずきの背景（視覚化）

水が体にかかっただけで怖がる子どもがいる。1つは乳幼児から水に慣れる経験が少ないためと考えられる。もう1つは子どもが感覚過敏であるためと考えられる。

経験が少ない児童には、学習カードを使い水は怖くないよと少しずつ体に水をかけていくことと、学習カードにして上達が見えるようにする。視覚化する。

感覚過敏の子どもには教師が手をつないだり、体を密着させたりして、安心感を与えるとともに、ステップをさらに細かくしていくことと、できたことを大げさにほめることを取り入れる。また、決して無理強いしないことも大切である。

イラスト				
苦手な状態	①水が体にかかっただけで逃げたり泣いたりしてしまう。	②水が頭からかかると怖がって泣いてしまう。	③水がかかると両手で何度も顔を拭ってしまう。	④水中で力を入れすぎて目をあけることができない。
つまずきの背景・原因	水がかかった感覚は、通常の感覚と違うため。	頭から水がかかる感覚は、経験がないと耐えられないため。	怖いので目を早くあけるために、両手で顔を拭いてしまうため。	水中が怖くて目に力が入りすぎているため。

この中で子どもたちが一番難しさを感じるのが、水中で目をあけることだ。

できる子どもをお手本にして、実際に見せながらステップを組んで教えていく。

3 解決策（共有化）

①「水はお友達だよ」と話し、簡単な水かけから始める。
②水かけや水中で目をあけるまでのステップをつくる。
③学習カードを活用し見える化する。

4 初期感覚づくり（水に慣れよう）

　水を怖いと感じている児童がいるかどうか、予め、保護者へアンケートで調べておくことをおすすめする。さらに、シャワーで水慣れをする前に、ホースから水を出して、水への恐怖心があるかないかを、子どもたち一人一人にかけながらチェックする。

　次の学習カードは、大半の児童が１時間あれば通過できる。しかし、通過することが難しい児童には、３時間ぐらいかかってもよいので、少しずつ取り組ませる。

＜方法＞
①子どもたち一人一人にホースで水をかける。学習カードの①〜⑤に取り組ませる。
②シャワーの強さを弱めにして、水をかける。学習カードの⑥〜⑩に取り組ませる。
③１回につき、30人で５分から10分程度の時間をかけて指導することを目安にする。
④通過できなかった子どもは、それ以降の水遊びには本人にどうするか選択させる（入る。入らない）。決して無理をさせない。

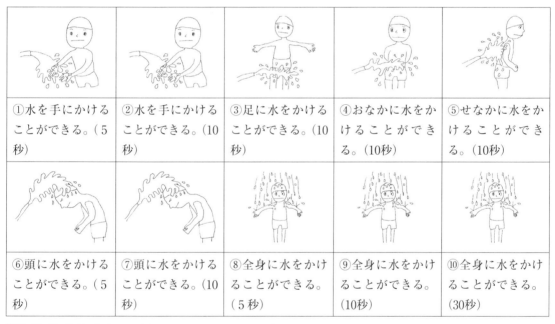

5 基礎感覚づくり（水中で目をあけよう）

　水中で目をあけることができるために、学習カード２をつくり、励みとさせる。

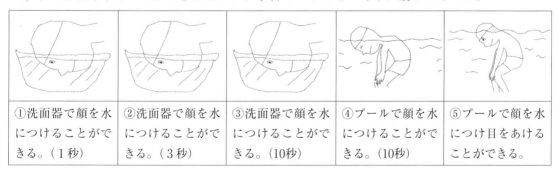

水泳

【行方幸夫】

| 学年 | 1〜3年生 | 所要時間 | 1時間 | 準備物 | ヘルパー　簡単に個数を変えられる物 |

3 【ふし浮き】
力が抜けずふし浮きができない

●特別支援が必要な状況

1 ねらい（焦点化）

　泳げる第一条件は、水に長時間浮けるということだ。力が入っている特別支援の子どもは、筋緊張が続いて体が重くなっている。そのため、水面より沈んでしまい、ふし浮きができないでいる。その原因として、前庭感覚による重力不安が考えられる。前庭感覚を刺激し、不安や恐怖心を取り除くことで、力を抜くことができるようになる。

2 苦手・つまずきの背景（視覚化）

　水に浮かぶためのつまずきは、2種類に分けられる。
①顔を水につけることへのつまずき。
②足を離すことへのつまずき。

図1

　「顔を水につけることへのつまずき」がある特別支援を必要とする子どもは、目を閉じてしまうことが多い。目をギュッと閉じてしまうと、同時に首と肩にも力が入ってしまう。1つの動きは、別の動きを連動させてしまう。

　「足を離すことへのつまずき」では、前庭感覚がかかわってくる。前庭感覚とは、「重力」「加速」「傾き」「揺れ」などを感じ取り、バランスを保つ感覚である。この感覚がうまく処理できないと、高さや動きに対して過度な恐怖や不安を感じることがある。水に浮くためには、足を地面から離さなければならない。バランスを保てなくなってしまう不安から足を離せず、腰が曲がってしまう。また、足を離そうとし頑張っても、足が残ってしまい、腰が曲がったままで体が「く」の字になってしまう（図1）。

3 解決策（共有化）

　「浮く感覚」と「安心感を与える」をスモールステップで指導する。
①「背浮き」で前庭感覚を刺激し、浮く感覚を養っていく。
②「安心感」を与える指導をしていく。

　重力不安を取り除くためには、最初からふし浮きをしようとせずに、「指導の中心を決め、スモールステップで教えていく」ことが重要である。まずは「浮く指導」を行っていく。

　浮く感覚をつけるために、「背浮き」で指導する。背浮きのよさは以下の点である。
・呼吸ができる。
・目があけられる。
・長時間浮いていられる。

　背浮きをすることで、「顔を水につけることへの恐怖心」を減らすことができる。また、重力不安については、誰かに支えてもらうことで不安を和らげることができる。次のように指導する。

- 人に支えてもらうことで安心感を与える。支えは少しずつ減らしていく（腰と頭など、体全体→首や頭→手で触れる→指１本で支えるなど）。
- 道具を使って安心感を与える（ヘルパーやゴーグルをつける）。

4 初期感覚づくり

　初期感覚づくりでは、補助ありの背浮きをスモールステップで指導する。「足を離すことへの不安」があるため、自然と足が離れるようにしてあげるとよい。子どもの首と腰を支え、ゆっくりと進んでいく。そうすることで、自然と足が離れる。はじめは、少し足が離れていればいい。ポイントは、「力が抜けていること」と「腰がまっすぐであること」である。そして、「後ろを見るようにする」ということを教える。あごをあげ、目線が後ろにいくことで腰がまっすぐになるためである。指導の流れは、次のようにしていく。

＜方法＞

図2

① 首と腰を支えて、移動する。ヘルパー使用（図２）。
② 首を支えて、移動する。ヘルパー使用。
③ ヘルパーを減らして②をする。
④ 手を伸ばして背浮きをする。

　背浮きを教師との個別指導でできるようになったら、次は、子ども同士の補助でも浮けるようになるまで、毎回のようにも水慣れで取り入れていくことが重要である。

5 基礎感覚づくり

　背浮きができるようになり、浮く感覚をできるようになったらふし浮きに近づけていく。背浮きとふし浮きの違いは体の向きだけである。指導の方法は、初期感覚づくりと同じように、「ヘルパーを使う」「体を支え、安心感を与える」「支えを少しずつ少なくし、１人でできたという感覚をつけていく」という流れで行える。しかし、そのことが大きな不安だということを指導者側は忘れてはいけない。

＜指導のポイント＞

- 手をまっすぐに伸ばし、耳が腕の後ろを通っている（図３）。

図3

- 伸ばした手を支える（最終的には、指１本で支えるのが最終イメージ）。

6 運動づくり

　基礎感覚でふし浮きができるようになったら、「力を抜いたら水に浮かぶこと」をさまざまな活動を通して、体感させていくことが必要である。どの活動も水慣れで取り入れられるものである。何度も経験させていく必要がある。

＜活動の種類＞

- ちょうちょう泳ぎ：背浮きで浮かびながら、手足を動かす（図４）。
- 連続ふし浮き：ふし浮きをしながら、息継ぎを行う。
- だるま浮きからの変化：浮いた状態を保ちつつ、浮き方を変える（だるま浮き→ふし浮き→大の字浮きなど）。

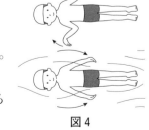

図4

9章 「水泳」苦手徴候と克服する指導ポイント　105

水泳

【梶田俊彦】

| 学年 | 1～4年生 | 所要時間 | 5時間 | 準備物 | ビート板　ヘルパー |

4 【バタ足】
ふし浮き状態でバタ足ができない

●特別支援が必要な状況

1 ねらい（焦点化）

障害のある子どもにとって、バタ足の動きは難しい。中にはふし浮きの状態で自発的にバタ足をすることができにくい子もいる。根気よく指導し続けることが大切である。バタ足のキックの仕方を教師や支援者が支えて教える。また自分で足の動かし方を見て確認できるようにしたり、バタ足で前に進む感覚を覚えたりできるようにする。

2 苦手・つまずきの背景（視覚化）

自分で足を動かすことができることをねらう。できれば、ひざや足首を伸ばして動かす。以下のように活動を細分化し、足の動かし方を確認したり体感したりできるようにする。

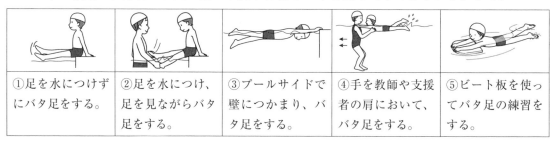

| ①足を水につけずにバタ足をする。 | ②足を水につけ、足を見ながらバタ足をする。 | ③プールサイドで壁につかまり、バタ足をする。 | ④手を教師や支援者の肩において、バタ足をする。 | ⑤ビート板を使ってバタ足の練習をする。 |

水に足をつけない①では、子ども自身で足の動きを見るとよい。さらにひざ、足首を伸ばして足を動かす練習も行う。②以降では水中に足がつかるため、教師や支援者の確認が必要となる。③では、ふし浮きの状態で足を動かす練習となる。④⑤ではバタ足をすることで前に進む感覚を感じさせる。子どもを励ます声かけを何度も繰り返して行うようにする。全ての練習において、子ども1人での練習が難しい場合は、教師が子どもの足をもって動かすとよい。

3 解決策（共有化）

①陸上でバタ足の動かし方を確認する。　②水中でバタ足のキックを練習する。
③バタ足で進む感覚を覚える。

まずプールサイドに腰をかけ、足は水につけないでバタ足をする。足の動きを見て確認させるとよい。またひざや足首を伸ばしてバタ足をするところを目で確認する。

次に足を水につけてバタ足を行う。水中では子どもがひざや足首の伸びを確認することが難しい。そこで教師もしくは支援者がバタ足をするひざや足首を触り、伸びているかを確認する。

次に、壁につかまってバタ足の練習をする。自分でバタ足がしにくい場合は教師や支援者が太ももや足首をもって動かしてあげるとよい。

また、教師の肩をもってバタ足をさせることで、前に進む感覚を身につけさせることができる。教師が支えるので、子どもは安心して練習することができる。

ビート板を使うときは、ビート板の前方をもち、顔を上げてバタ足をするとよい。

4 初期感覚づくり

　バタ足の動きは、水をキックするときの触覚や固有覚、また水中で泳ぐときの平衡感覚などが関係している。バタ足の触覚は、水が足に当たる感覚や当たったときの水圧の感覚である。キックの強さを変えることで実感できる。また水しぶきの強さや量を目で見ることで判断できる。「いっぱい水しぶきが上がったね」「水しぶきを上げずにバタ足ができているね」とほめるとよいであろう。固有覚は筋肉や骨格そのものであるため、子どもが実感しづらい感覚である。そこでキックを強くしたり弱くしたりする練習をする。この練習は水しぶきの大きさを見ることで、キックの強さを実感することができよう。

　平衡感覚に関する体の機能は主に眼球の動き、脊椎や骨格、自律神経系がある。眼球運動は、普段からボール遊びやおにごっこ等で追視や注視などをトレーニングすることができる。また、教師や支援者が支えてのバタ足練習、ビート板でのバタ足練習によって、水平の状態で揺れたり前に進んだりする感覚を鍛えることができる。また仰向けバタ足では、図のようにして泳ぐ練習をすることで、体の揺れや前に進む感覚が鍛えられる。

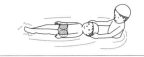

仰向けバタ足では、ヘルパーをつけ、教師か支援者が頭を支える。

5 基礎感覚づくり

　バタ足に必要な体の部分の動きを教師や支援者が支えることで、動きの感覚を実感できるようにする。例えば、足首が硬く、伸びにくい場合、柔軟でしっかりほぐしてあげる。また、ひざが極端に曲がり、動かしにくい場合、教師や支援者が太ももを支えて一緒に動かす。水は足の甲に当たるようにし、指先を伸ばすようにする。そして壁をつかんでのバタ足練習、ビート板でのバタ足練習でも、必要に応じて太ももや足首を支えて一緒に動かすとよい。「キック、キック」「バシャバシャ」など、子どものイメージしやすい声をかけたりして練習を進める。

　このように、動かす部位を教師や支援者が支援しながら練習し、同時に「前に進む」「仰向けになる」練習を行うことで、バタ足に必要な感覚が身についていくであろう。

6 運動づくり

　子どもがさまざまな動きを体験できるよう、5時間で計画する。

第1時：陸上バタ足・水中バタ足（プールサイド）・壁をつかみバタ足
第2時：水中バタ足・壁をつかみバタ足・ビート板バタ足
第3時：水中バタ足・壁をつかみバタ足・ビート板バタ足・仰向けバタ足
第4時：壁をつかみバタ足・ビート板バタ足・仰向けバタ足
第5時：ビート板バタ足・仰向けバタ足・けのびバタ足

　水泳の時間には常に、短時間でも上記の運動を繰り返すことでバタ足が上達する。

<参考文献> スモールステップ研究会編『発達障がい・知的障がいのある子どもの水泳指導』（かもがわ出版）、池田君子編著『スキンシップ水泳療育』（ぶどう社）、木村順著『発達が気になる子の感覚統合』（学研プラス）、木村順監修『発達障害の子の感覚遊び・運動遊び』（講談社）、土田玲子監修『感覚統合Q&A 第2版—子どもの理解と援助のために』（協同医書出版社）

水泳

【上川　晃】

| 学年 | 5～6年生 | 所要時間 | 9時間 | 準備物 | ヘルパー　石　輪　ビート板 |

5 【クロール】
息継ぎができない・ローリングを習得させる

●特別支援が必要な状況

1 ねらい（焦点化）

　ヘルパーを使うことで水に対する恐怖心を軽減し、スモールステップで、ローリングを習得させる。そうすると息継ぎができるようになる。つまり、①恐怖心が軽減され、脱力ができる。②協応動作ができるようになり、スムーズな動きができる。③リラックスした状態で、ローリングすることで、楽に息継ぎができるようになる。

2 苦手・つまずきの背景（視覚化）

　ローリングできない子は、次のような原因がある。
①水に対する恐怖心がぬぐえない。水に顔をつけることができない。
②手足の動かし方がわからない。手と足との協応動作ができない。
③浮く感覚がわからない。体を回転（ローリング）させる感覚がわからない。

　だから、水慣れをたっぷりとさせてから、泳ぎの指導に入る。また、「ちょうちょ背泳ぎ」→「背泳ぎ」→「クロール」の順で指導すると、成功体験を積み重ねることができる。

（ちょうちょ背泳ぎ→背泳ぎ）　　（ヘルパーをつけてクロール）　（体育館でローリングの練習）

　ヘルパーはワンタッチ式である。簡単に装着できる。1セットだけでは怖がる子、体重の重い子には、2セット・3セットとたくさん装着させてもよい。
　また、ビート板との併用が効果的である。

3 解決策（共有化）

①水に対する恐怖感を軽減する…ワンタッチ式ヘルパーを使う。
②水の中以外でも、泳ぎの型をマスターする…体育館やプールサイドで行う。
③楽に浮く感覚を身につける…脱力の方法を示す。
④1つずつ分けて、ローリングをマスターする…ステップをふんで、協応動作を習得する。

　動きを細分化して、見せて、まねをさせて、リズム言葉も使いながら、型を身につけさせる。きれいな型（フォーム）でローリングができるようになると、余裕をもって息継ぎができるようになる。それには、怖さを軽減するヘルパーの使用が有効である。また、体育館やプールサイドでローリングの指導をすることは、子どもたちが型（フォーム）を視覚でとらえるこ

とができ、安心して活動できる利点がある。水の中での指導と平行して行うと効果がある。

怖さを軽減し「分けて」「リズム言葉」とともに指導するから、息継ぎができるようになる。

4 水泳の動きに必要な初期感覚づくり

まずは、たっぷりと水慣れをさせる。友達とペアになり、準備運動をさせる。

恐怖感を軽減し、水の浮力や抵抗を感覚でとらえさせるのである。

<方法>

①恐怖感を軽減するための水慣れ…水のかけ合いっこ・水中ジャンケンなど。

②目をあける練習…にらめっこ・石拾い・輪くぐりなど。

③水に浮く感覚を体験する…だるま浮き・ふし浮き・ボビング・バブリングなど。

④水の抵抗を感じる…ウオーキング・ランニングなど。

5 クロールの基礎感覚づくり

水慣れを終えた後、まず、プールの壁を手でもたせて、無理なくクロールの指導をする。

①ワンタッチ式ヘルパーをつけて、恐怖心を軽減する。

②キックとストロークを、それぞれ細分化し、分けて教える。

③ストロークとキック、そしてローリングと息継ぎとの協応動作を習得させる。

協応動作の指導のポイント
①動きを分けて教える。 ②リズム言葉で、動きをイメージさせる。 ③上手な子のまねをさせる。（ミラーニューロン） ④場の工夫をする。（体育館やプールサイドで）

<方法>

○プールの壁をもたせて、1つずつ指導していく。

○ワンタッチ式ヘルパーを、1人1セット装着する。

○ペアで、サポートさせながら、全員習得を目指す。

6 クロールの運動づくり

クロールのフォームを指導する。

①たくさん水にふれさせ、たくさん泳がせる。

②スモールステップで、無理なく運動の動きを習得させる。

③多様な場づくりを行い、達成感を味わわせる。

④体育館でも、引き続き水泳指導を行う。

<方法>

○ヘルパーとビート板を併用して、安心感をもたせる。

○まず、プール横の長さを使う。次に、プール縦の長さを使う。

○息継ぎをする方の、腕の動きを指導する。次に、両手の動きを指導する。

○リズム言葉「下を見る。横を見る」で、ローリングを習得させる。

○体育館やプールサイドで、ローリングの型を体感させる。

ローリングの型が身につくと楽に息継ぎができ、長く泳げるようになる。

<参考文献> 阿部利彦監修『気になる子の体育　授業で生かせる実例52』（学研）

根本正雄編『水泳指導のすべて　てんこ盛り辞典』（明治図書）

10章 「ボール運動」苦手徴候と克服する指導ポイント

ボール運動

【二瓶温子】

| 学年 | 1～2年生 | 所要時間 | 5時間 | 準備物 | ボール 的 バトン 紐 |

1 【ボール投げ】ロケットゲームで投げる技能を高める

●特別支援が必要な状況

1 ねらい（焦点化）

ボールを捕る・投げるなどの技能は、ボール運動の基礎となる大切な動きである。しかし、ボールで遊ぶ経験の不足から、投げる感覚やボール操作の技能が身についていない児童が多い。両足を揃えて投げる児童もいる。両足を前後に開いて投げることで自然と体が横を向くようにし、腰を回転する動きがスムーズにできるようにしていく。

2 苦手・つまずきの背景（視覚化）

ボールゲームをする際、投げることが得意な子が活躍する授業を目にすることが多く、投げることが苦手な子の技能はなかなか高まっていかない。中学年につなげていくためには、ゲームの中で投げる技能が高まるような活動を組み込んでいく必要がある。本授業では、ロケットゲームを通して、誰でも楽しく投げる技能を高めていけるようにする。

児童のつまずきとしては次のようなものがある。「足を揃え、腕だけで投げる」「へその向きが始めから正面を向いている」

3 解決策（共有化）

①どの子も活躍できるルールで行う。
②どの子も活躍できる人数で行う。
③教材教具・場設を工夫する。

ゲームのルールはシンプルなものがよい。ドッジボールであれば、当てたら内野に入る。当てられたら外野に出る。当てたら1点。などである。ゲームに慣れてきたらルールを少しずつ変化させ、繰り返し行う中で動きを習熟させていく。

1チームの人数が多いと、苦手な子はなかなかボールに触ることができない。そこで、人数を3～4人とし、ボールに触る時間を多く確保する。

物を用意することで、動きが視覚的に理解できるようにしていく。また、場設を工夫することで、子どもの動きを引き出していく。例えば、ロケットゲームでは、紐の先に画用紙でつくった星をつけておく。そうすることで、自然と、星を見ながら投げるようになる。視線を固定することで、安定したフォームで投げることができるようになる。はしごドッジボールで

は、コートの広さを変え、力が均衡した子同士で対戦できるようにしていく。

4 初期感覚づくり（壁ぶつけ）

足を揃え、腕だけで投げるのを解決するために、ラインを1本引き、次の指示を出す。

> 指示　足はチョキ。線をまたいで投げます。

ラインをまたぐことによって、体は必然的に横を向く。横を向いて投げると、腰の回転運動が生まれ、ボールを遠くに投げることができるようになる。

＜方法＞

①1チーム3～4人。
②壁にノーバウンドでボールを当て、戻ってきたら次の人が拾って投げる。
③1分間で多くの点数を取ったチームが勝ち。

5 基礎感覚づくり（ロケットゲーム）

発問を通して、動きのポイントを発見させていく。

> 発問1　投げるとき、足はグーにした方がよいでしょうか。チョキにした方がよいでしょうか。

「○○さんが上手です。やってもらいます。」上手な子の動きを観察させる。

> 発問2　力強いボールを投げるには、へそをどこに向けたらよいでしょうか。
> 　　　　A　横　　B　前　　C　横から前

選択肢を提示し、発問する。実際に試させ、1つ1つフォームを改善していく。

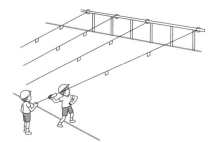

＜方法＞

①紐に印をつけておく（1m間隔）。
②ロケット（バトン）を投げる。
③1つ通れば1点、2つ通れば2点、3つ通れば3点。
④指導前と指導後の得点を記録しておく。
⑤グループ（3～4人）対抗で行う。

6 運動づくり（はしごドッジボール）

1本が斜めになっているはしごである。コートの大きさがそれぞれ異なっている。子どもの投捕能力に応じた場づくりである。コートの工夫とルールによってどの子も思い切り活動することができる。

＜方法＞

①1チーム4人。
②当てたら内野に入り、当てられたら外野に出る。
③当てたら1点（内野）捕ったら1点（外野）。
④4人の中で得点が高い子が勝ち（個人戦）。

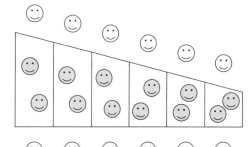

10章　「ボール運動」苦手徴候と克服する指導ポイント　111

ボール運動

【栗原悦子】

| 学年 | 1〜3年生 | 所要時間 | 5時間 | 準備物 | てるてるボール　ベース3枚 |

❷ 【サッカー】「てるてるボール」で楽しみながら基礎運動

●特別支援が必要な状況

1 ねらい（焦点化）

低学年や特別支援を要する子どもたちにもベースボール型ゲームのルールを理解させ楽しんでプレイさせたい。そのためには基礎運動となる球の投捕の仕方を正しく身につけさせる。

2 苦手・つまずきの背景（視覚化）

低学年や特別な支援を要する子どもたちは手足が不器用で微細な動きが苦手である。自分の身体を動かして走ったり跳んだり跳ねたりすることもぎこちないためにハンドボールやゴムボールなどを取って投げる動きは困難である。さらに、ベースボール型ゲームのように攻守の動きが複雑化したルールではゲームを楽しむ以前に敬遠されがちである。

3 解決策（共有化）

①ボールに布をかぶせて捕りやすく投げやすい工夫を施す。

「てるてるボール」とは、テニスボールサイズのゴムボールをバンダナなどの布で覆ったものを輪ゴムで留めたものである。ゴムボールは丸くて弾むのでキャッチボールの際転がってしまうと捕球しづらい。

「てるてるボール」は球そのものを捕球できなくても布の端をつかめば楽につかめて落としてしまうことも少ない。また、下に落ちても転がらずすぐに球を捕ることができる。

②投げる捕るの基礎運動で十分に楽しめる。

1人で投げ、2人でキャッチボール、複数人でパスなどさまざまな投捕で楽しむことができる。

③最終的にはシンプルなルールでゲームを楽しむ。

4 初期感覚づくり

1人で	2人で
①軽く投げ上げる	①下投げでキャッチボール
②投げ上げて高い位置で捕る	②上投げでキャッチボール
③投げ上げて低い位置で捕る	③左手下投げでキャッチボール
④投げ上げて右側で捕る	④左手上投げでキャッチボール
⑤投げ上げて左側で捕る	⑤1人が後ろ向きで投げる
⑥投げ上げて何回拍手できるか	⑥2人が後ろ向きで投げる
⑦投げ上げて右半回転して捕る	⑦正中線越えキャッチボール
⑧投げ上げて左半回転して捕る	⑧2個で投げ上げてキャッチボール

| ⑨投げ上げて1回転して捕る | ⑨走りながらキャッチボール |
| ⑩目標物まで前方に投げて落とさず何回で行かれるか | ⑩折り返しリレー |

5 基礎感覚づくり（模擬授業の例）

指示1　てるてるボールでボールを投げる練習をします。

　　　　自分のカラーコーンのある位置から2つのカラーコーンのあるラインめがけて上投げで投げます。ラインを越えたら自分のカラーコーンを1歩遠ざけます。

　　　　ラインを越えなかったら1歩近づけます。5回投げたら集まります（カラーコーンが一番遠い人をお手本にして）。

発問1　どうしてこんなに遠くまで投げられるのでしょう。

説明1　遠くに投げるには、
　　　①足を前後に大きく開く。
　　　②腰を回転させる。
　　　③投げる手は頭の後ろ、逆手は投げる方向に向ける。

指示2　この3つのポイントで5回投げたら集まります。

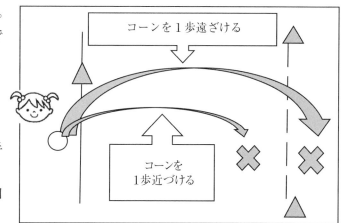

発問2　さっきより遠くに飛ばすことができましたか。

指示3　ペアになって2人で走りながらボールを投げて捕るリレーをします。

　　　　（例示しながら）1人が捕って投げたボールをもう1人がまた捕って投げます。向こうのコーンのラインで折り返します。投げた回数と速さを競います。用意、スタート！

発問3　何回投げましたか。回数の少ない方が勝ちです。

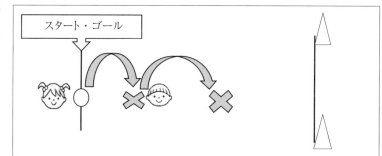

6 運動づくり（三角ベースボールゲーム）

①3～4人で1チーム。

②攻守に分かれる。

　攻めるチームはホームベースから「てるてるボール」を投げる。投げたら1塁→2塁→ホームに向かって三角形に走る。ベースをふむごとに1点、最高で3点獲得。

　守るチームは、ボールが投げられたらそのボールに全員が集まって手を上にあげて「アウト」をコールする。攻めるチームはそれまでにたどり着けたベースの数が得点となる。

　「アウト」をコールされるかホームまでたどりついたら攻める人は交代する。チーム全員が攻め終わったら攻守交代する。

ボール運動					【笹野達哉】
学年	5～6年生	所要時間	2時間	準備物	風船（大きめ）　スズランテープ

3 【風船バレー】
ボールが怖くてキャッチできない

●特別支援が必要な状況

1 ねらい（焦点化）

　ボール運動は、ボールが怖くてキャッチできないことがある。ボールをキャッチする前にボールより柔らかい風船を使った運動を取り入れることで、ボールを怖がる子どもたちの恐怖心をなくすことができる。また、風船であればキャッチしやすく、成功体験を積ませることができる。

2 苦手・つまずきの背景（視覚化）

　ボール運動の中で一番つまずきやすいのが、キャッチをするときに怖く感じてしまうことである。主なつまずきの場面として、

| ①ボールが当たるのがとても痛く感じる。 | ②キャッチするタイミングが自分でわからない。 | ③ボール運動の経験値が乏しい（特に女の子）。 |

　つまずきを解決するためには子どもが何を苦手なのかを把握するのが必要である。その後に、①苦手・つまずきを記録する。②つまずきを考える。③それに対して教師が何をしたかを記録する。その過程から苦手・つまずきの解決策を導き出していく。

3 解決策（共有化）

①ボールを風船に変えて指導する。
②キャッチするときの姿勢、手の形、腕の形を教える。
③手袋をつけて、痛みを軽減させる。
④ビジョントレーニングでボールの軌跡が追えるように鍛える。

　風船は、膨らませるのに時間がかかるが、予測できない思わぬ動きがあり、楽しい。そのため全員が参加できる。そして、扱いが簡単である。軽くて動きがゆっくりしているため誰でも扱うことができる。また、安全である。風船は柔らかいため、怖さをなくすための用具だと言える。キャッチするときの姿勢、手の形、腕の形を教えるためにipadやビデオカメラで上手な子を撮って、見せるなどの個別支援が必要である。違う視点では、触れるのが痛いという場

合には手袋をつけさせることによって取り組むことができる場合もある。また、視覚認知能力が弱く、ボールの軌跡が追えないこともある。その場合にはビジョントレーニングで鍛える必要がある。風船の動きにあわせて、夢中で身体を動かしている風船を使ったスポーツがあった。風船バレーである。身体イメージ、空間知覚、視覚、聴覚、人との協調の力が育成される年齢を問わず、誰でも一緒に参加できる、やさしいスポーツである。以下に紹介する。

4 初期感覚づくり

2人組での風船キャッチゲームをする。風船を打つ、投げる、キャッチの3つの動作を教える。子どもの実態に応じて、風船を投げる距離などを変えて練習する。風船が割れたときのために予備を用意しておく。スズランテープの高さはカラーコーンの高さくらいがよい。

＜方法＞
①2人組をつくらせる。
②風船を投げる役。キャッチをする役に分ける。
③床を手でタッチ。
④足踏み5回してキャッチ。
⑤スズランテープ下をくぐってキャッチ。

5 基礎感覚づくり

2対2風船バレーをする。運動が苦手な子でも触ることができるようにタッチの回数を決める。最初のサーブ権はジャンケンで決める。サーブミスや、1回で相手に返したり、1人2回続けて触ってしまったりした場合は相手の得点になる。

＜2対2風船バレーゲームルール＞
①風船がコートに来たら、3回タッチして相手のコートに返す。
②試合時間は3分間。
③時間内に得点の多いチームが勝ちとなる。

6 運動づくり

基礎感覚で紹介した2対2風船バレーを4対4。そして、6対6の動きに変えていく。
ルールを少し変える。

＜4対4（6対6）風船バレーゲームルール＞
①風船が自コートに入ってから、全員1度は風船に触れてから、合計10回以内で相手コートへ返す。
②試合時間は5分間。
③10点先取したチームが勝ちとなる。

風船バレーは全員が風船に触ってから相手コートに返すというルールにすると、うまい子だけではなく、みんなが風船に触ることができる特別支援学級の子どもたちも喜ぶ最高の運動だ。

| ボール運動 | | | | | 【前島康志】 |

| 学年 | 全学年 | 所要時間 | 6時間 | 準備物 | サッカーボール　コーン |

4 【サッカー】立ってける感覚が育っていない

●特別支援が必要な状況

1 ねらい（焦点化）

　特別支援を要する子どもは、不器用な子どもも多い。発達性運動機能障害の場合もあり、自己肯定感が低い児童もいる。サッカーでも、ボールをけること自体が難しいことも多い。そこで、スモールステップの課題ゲームを通して、ボールをける感覚と技能を身につけ、サッカーを通して自己肯定感も高めていく。

2 苦手・つまずきの背景（視覚化）

　ボールをまっすぐにけることができない最大の理由は、ボールのけり方にある。

①立ってける感覚が育っていない。
②ボールをける力の入れ方がわからない。

　右足でボールをけるときには、左足で立ってバランスをとることになる。しかし、うまくバランスをとれないと、ボールをける動作が難しくなってしまう。

　また、けるときに、どれだけの力を入れてけっていいかがわからないことも多い。けった力とボールの距離が目に見える形でわかれば、足の振り幅や力の入れ方がわかってくる。

3 解決策（共有化）

①ボールを足で扱う感覚を育てる。
②ボールのけり方を教える。
③動きながらける課題ゲームを設定する。

　まず、ボールを足で扱う感覚を育てる運動をさせる。ボールの上に足を乗せることで、立ってけるための感覚が育ってくる。

　さらに、ボールを足の裏で扱う。足の裏で扱うことで、ひざを上手に使ってバランスがとれるようになる。

　次に、ボールを足で動かしてみる。例えば、足の内側を使って、交互に動かしてみる。さらに、ボールを引いて、足の甲の上に乗せて、ボールを上に上げるようにしてみる。

　このようなボールを使った運動をすることで、ボールを足で扱う感覚が育ってくる。片足で立つ感覚も育ってくる。この後、ボールのけり方を教える。

　ボールのけり方は、課題ゲームを通して、教えるようにする。けったボールが目に見える形でわかるようにする。

4 初期感覚づくり

ボールを足で扱う感覚を育てる運動を毎時間行う。

①ボールの上に足を交互に乗せる。
②ボールを足の裏で動かす（前後・左右）。
③足の内側でボールを動かす。

これ以外にも、基本運動として行うが、この3つの動きは、入れておきたい。片足でひざを使う感覚が育つからである。これにより、ひざを上手に使ってボールをけることができるようになる。

また、慣れてきたら、視点は、ボールではなく前を向くようにさせたい。次の動きに移ることができるからである。

5 基礎感覚づくり

①コピードリブル

2人組から4人組など変化のある繰り返しで行う。前の人のドリブルの真似をすることで、視点が上がり、ボールを扱う感覚も育っていく。

②向山式シュートゲーム

ける技能を高めるのに、もっとも役立つ課題ゲームである。

・コーンの間を通り抜けたら、次のコーンを狙う。
・けったボールは、自分で拾いに行く。

まず、ボールがコーンを通り抜けることで、力の入れ方がわかる。届かなければ、強くければいい。また、けったボールを自分で拾いに行くことは、運動量確保の面からだけではなく、けり方を身につけるためにも重要である。けってから動くことで、体重の移動が自然にでき、次の動きにつながるけり方になっていく。きわめて大事な動きである。

毎時間行うが、2時間目には、できれば、インサイドキックを教えたい。さらに、利き足、反対の足、歩きながら、ドリブルしながらと変化を加えると効果が大きい。

6 運動づくり

基礎感覚づくりで学習した技能を生かしていくゲームを行っていく。主なゲームは次のようなゲームである。各学年の実態を考えて取り組んでいく。

①たまごわりサッカー（低学年）
②ラインサッカー（中学年）
③サッカー（高学年）

ボール運動					【稲嶺　保】
学年	3～4年生	所要時間	5時間	準備物	サッカーボール　布ボール　ハードル

5 【サッカー】足でドリブルができない

●特別支援が必要な状況

1 ねらい（焦点化）

サッカーのドリブルとは、「走る」という動作と「ボールを蹴る」という動作を小刻みに連続して行う。特別支援の子どもは動くボールを扱うため、ボールの動きを目でとらえ、それにあわせて足や身体を動かす感覚（動作）に慣れさせる必要がある。

2 苦手・つまずきの背景（視覚化）

動くボールを目で追うこと、同時に足元のボールと周りのプレーヤーを見ることが難しい。また、ボールを足で扱う経験が少ないため、ボールを止めたり、蹴ったりするための感覚や力加減がわからない。そのため、ドリブルする以前にボールを足元に置くことができず、ドリブルをしてもボールを遠くへ蹴りだしてしまう。

ドリブル

○ボールを目で追う
○ボールを足で止める
○ボールを蹴る
○相手との間隔をとる
これらを同時に行い、さらに適度な力加減が必要になる。

3 解決策（共有化）

「足でドリブルができない」感覚は、これまでの体験不足が大きく影響している。だから、サッカーに触れる機会が少ない女子や男子の一部にも、その感覚不足を補う必要がある。
①転がらないボールを使う。
②動くボールの扱いに慣れさせる。
③ルールやコートを工夫する。

動くボールを目でとらえ、足を出す。2つのことを同時に行わなければならない。そこで、転がらないボールを使用して、足で扱う技術を習得させる。イメージは、道端での石ころけりである。同時に動くボールへも慣れさせていく。転がるボールを「止める」活動である。

試合でも、ルールやコートを工夫することで、少しでもボールに触れる機会を確保する。プレーする人数を少なくすることで、周辺への注意を減らし、ボールの動き、足の使い方に注意をはらうことができる。

4 初期感覚づくり

転がらないボールを使ってのドリブル。体育館であれば、布ボール（サイコロ型もよい）や空気を抜いたボールを使用する。ボールが転がっても止まるので、ボールを目で追い、足元にボールを置くことができる。片足をあげて、ボールを蹴る感覚を体験させる。

5 基礎感覚づくり

動くボールに慣れさせる転がしターン競争である。

<ルール>
・1チーム4名程度のグループをつくる（ボール1個）。
・各チーム先頭の児童がボールを転がし、向こうの線を越えたら、ボールを拾って戻ってくる。
・これをリレー形式で行う。
①手で転がして、手で止める（拾う）。
②手で転がして、足で止める（拾う）。
③足で転がして、足で止める。
④足でドリブルして、止める。

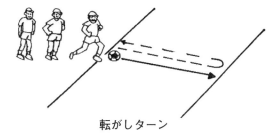

転がしターン

6 運動づくり

通常の試合では、苦手な子がボールに触れる機会がほとんどない。また、ボールにばかり目がいってしまい、周りを見ることができない。そこで、人数を減らし、シュートの機会を確保するための特別ルールや工夫が必要になる。

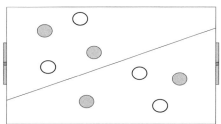

ラッキーゾーン制
ラッキーゾーン内に攻撃側は自由に入ることができ、守備側は入ることができない。

エリアサッカー
区切られたエリア内で攻撃側も守備側もボールを扱う。エリア外に出ることはできない。

エリアサッカー2
タッチラインから出たボールは、コート外のプレーヤーがコートに戻す。コート外でのプレーが増える場合は、「ワンタッチ」のようなルールを加えるとよい。

得点ルール
ゴール　　男子1点、女子100点
ハードル　男子0点、女子 10点

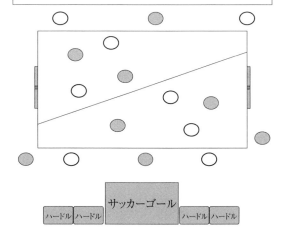

<引用文献・参考資料>
根本正雄編・南弘一著『サッカーの習熟過程』（明治図書）

ボール運動					【東條正興】
学年	全学年	所要時間	5時間	準備物	スケッチブック　黒板

6 【ボール運動のルールづくり】
ルール理解ができないときは紙に書きだす

●特別支援が必要な状況

1 ねらい（焦点化）

　新しいボール運動に初めて取り組むとき、そのルール理解の有無は、子どもたちの積極性に大きく影響する。ルールや運動の特性がわからない子は、ゲーム中に立ったままとなることが多い。ルール理解のキーワードは、「視覚化」と「一時一事」である。

2 苦手・つまずきの背景（視覚化）　　3 解決策（共有化）

(1) モデルの例示

　運動の方法を新しく教えるときには、モデルの例示は必須である。

　実際にモデルを示すことで、一目見てわかるからである。モデルは、動きの視覚化である。

　最もダメなのは、「音声情報の言葉だけで説明すること」である。

　プレルボールやソフトボールの場合、サーブの仕方等、個人の動きについては、教師がその場で実演するか、既に習得している子に模範してもらうのがよい。

　3対3のミニゲーム等の流し方を説明する場合は、図1のように、代表の子どもたちにやらせながら、教師が横で説明をする。

　その際、あまり細かいことは取り上げず、以下のようなゲームの基本要素の確認程度に留める。

①ゲームの始まり方
②得点の入り方
③攻守交代の仕方
④ゲームの終わり方

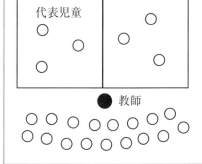

図1　ゲームのモデル

　ここでは、全体像をつかませることがねらいである。細かい点は、いくら口で説明しても、やってみなければわからないからである。

　しかし、これらのルールについて、モデルゲームで初めて知ると、十分理解できない子どももいる。だからこそ、その前段階となる準備運動での指導が、重要な意味をもつ。

(2) 準備運動から一時一事でルールを示す

　ゲームにつながる動きやルールを、準備運動の中で少しずつ指導しておくと、ゲーム導入時のルール理解が早くなる。

> 指示　ゲームの開始で使うサーブです。相手コートにボールを打ち上げます。

　ここでのポイントは、どんなときに使うのか等の趣意説明と動き方をセットにすることである。

| 指示　アタックは、相手コートにたたきつけます。地面にバウンドすれば、得点です。 |

　準備運動で取り上げる動きは、ほとんどがゲームのためである。だからこそ、ここでルールにつなげてしまうことで、その後のゲームに活きてくる。

(3) 文字情報で視覚化する

　教師が特に強調したいルールやマナーについては、文字情報で視覚的に示すこともとても有効である。

　ルールを書いた紙を黒板に貼ったり、スケッチブックに書いて示したりすることで、いつでも全員で確認することができるからである。

　図2は、タグラグビーのルールを、スケッチブックに貼って示したものである。

　タグの返し方は、ただのルールだけでなく、フェアプレーの精神をも表すので、強調するためにこうして視覚化した。

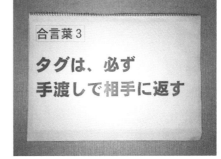

図2　スケッチブックの活用

　ポイントは、1枚に1つの情報にしたことである。1枚にたくさんの情報が書かれていれば、遠くの子は見えない上に、大事なことが何かが霞んでしまう。一時一事の原則である。

(4) 子どもの困り感からルールを追加する

　試しのゲームをしてみると、子どもたちの中から「こういうときはどうするのだろう」という疑問が出てくる。

　初期の段階においては、ゲームが終わるごとに、次の発問をするとよい。

| 発問　ゲームをしてみて、何か困ったことは、ありませんか？ |

　「どちらの得点かわからなかったときはどうするのか」「全然ボールに触れない子がいた」など、やっていくうちにさまざまな疑問や意見が出てくるはずである。

　それらを全体の場で取り上げて、子どもたちに投げかける。

| 発問　○○さんが言った場合は、どうしたらいいかな？ |

　子どもたちから策が出る場合もあるが、出ない場合は、教師が策を示せばよい。

| 説明　では、女子の得点は2倍にしましょう。 |

　このように確認されたことを、「新ルール」として追加するのである。

　単元を通して少しずつ細かいルールが追加されていくので、子どもたちに無理なく浸透させていくことができる。

　ルールが多くなる場合は、先述したように、「紙に書き出して貼る」ことをしておけば、さらに全員の理解につながる。

　これらのようなルール理解への配慮が、子どもたちのゲームへの参加を促すのである。

| 学年 | 3〜4年生 | 所要時間 | 5時間 | 準備物 | タグベルト　タグ　ボール　ゼッケン |

ボール運動

【佐藤泰之】

7 【タグラグビー】
ボールをパスする方向がわからない

● 特別支援が必要な状況

1 ねらい（焦点化）

　タグラグビーは、難しい技能を必要としない。だから、特別支援の子どもでも楽しく参加できる。なぜなら、ボールをもったら走る。タグをされたら後ろにいる仲間にパスをする。ルールはこれだけである。トライ（ゴール）をするためには、多くの仲間がボールをつないでいく。トライをした人だけが輝くのではなく、そこまでボールをつないだ仲間も輝くボール運動である。だから、特別支援の子どもも含め、仲間意識を育てるには最高の運動である。

2 苦手・つまずきの背景（視覚化）

　ゲームであるから、ルールがある。特別支援を要する子どもには、ルールを理解させることが難しいことがある。そこで、ルールを紙芝居形式で視覚化する。

| ①はじめと終わりは挨拶をします。 | ②ゴールラインを越えればトライで1点。 | ③パスは自分より後ろの人に投げます。 | ④タグを取るときは「タグ」と言います。 | ⑤タグは「どうぞ」と言って手渡しで渡します。 |

　この中で特別支援の子どもたちが一番難しさを感じるのがボールをパスする方向である。これは、子どもをお手本にして、実際に見せながら教えていく。

　タグラグビーのよさは、タグをされてからパスをすればよいので、落ち着いてパスできる味方を探すことができる。特別支援の子どもには、慣れてくるまでは、タグされるまでパスしないというルールにする。

3 解決策（共有化）

①シンプルなルールから始める。
②作戦タイムを設定する。
③作戦ボードを活用する。

　特別支援の子どもがいるゲームのルールは、シンプルなものがよい。タグラグビーであれば、トライの仕方、タグの仕方、パスの仕方くらいが決まって

いればよい。その後は、ゲームが進むごとに子どもたちに「何か困ったことはありましたか」と聞いてルールを確認・改正していく。子どもたちとルールをつくっていく。

ゲームとゲームの間には、作戦タイムを設ける。このときにホワイトボードと人数分のマグネットがあれば、子どもたちは頭を突き合わせて作戦を相談し始める。物を用意することで、特別支援の子どもも言葉だけでなく、動き方が視覚的にもわかるようになる。

4 初期感覚づくり

2人組でのタグ取り鬼ごっこをすると、タグの取り方を覚えるだけでなく、友達との接触を通して仲間づくりをすることができる。また、タグを取りに行ったり、よけたりすることで、平衡感覚も養うことができる。

＜方法＞
①2人組で手をつなぐ。
②攻撃と守りを決める。
③守りは反対の手で自分のおでこを押さえる。
④合図で攻撃は守りのタグを取る。
⑤守りはタグを取られないようにする。

5 基礎感覚づくり

タグラグビーでは、ボールをもって走り抜ける感覚が必要になる。

ゴールラインに向けて一直線に走ったり、相手をよけるために左右にフェイントをかけたりする動きを身につけるには、宝運び鬼がよい。

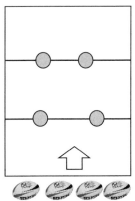

＜方法＞
①攻撃チームと守りチームに分かれる。
②攻撃は、ボール（紅白玉）をもって攻める。
③守りは、ラインの上でのみ、攻撃のタグを取ることができる。
④タグをされずにゴールラインまで行ければ1点。
⑤時間で攻守交替する。

6 運動づくり

基礎感覚で紹介した宝運び鬼をタグラグビーの動きに少しずつ変化させていく。

＜ゲームルール＞
①宝を1人1つもった宝運び鬼。
②チームで1つのボールをもった宝運び鬼。タグをされたら後ろ方向にパスをする。
③守備はラインに関係なく、どこでも守れるようにする（攻撃優位にするため、守備は攻撃側-1名くらいの人数がよい。トライされたらローテーションで交代する）。

タグラグビーは、運動の楽しさだけでなく、仲間とのつながりを感じることができる最高の運動だ。

10章 「ボール運動」苦手徴候と克服する指導ポイント 123

ボール運動						【中田秀明】
学年	3～4年生	所要時間	10時間	準備物	スティック　ボール　ゴール　得点板	

8 【ユニホック】協調運動が苦手でボールに触れない

●特別支援が必要な状況

1 ねらい（焦点化）

ユニホックはスティックでボールを転がしてドリブルをしたり、相手にパスをしたり、シュートしたりする運動だ。運動が苦手な子や協調運動に苦手さがある子たちでもボールを扱いやすくルールも簡単なゲームである。また特別な支援が必要な子でも簡単にボールを扱え、気軽に取り組める最高の運動である。

2 苦手・つまずきの背景（視覚化）

情緒通級指導学級を担当している。通級児の多くが協調運動に苦手さをもっている。サッカーやバスケットボールなどの運動では、走りながら足でボールを扱ったり、走りながら手でボールを弾いたりしてボールを扱うなど、2つ以上の動きを同時に行いながらボールを扱わなければならない。なおかつ相手チームからもボールを奪われないようにしなくてはならない。そうなると特別な支援を必要な子たちは、ボールの扱いが難しくなり、ボールに触れる回数も少なくなってしまう。

ユニホックだと両手でスティックをもって、スティックにボールを触れさせながら走るだけだ。相手チームにはボールを取られないようにしなくてはならないが、サッカーやバスケットボールなどのように同時に2つ以上の動きをする必要はなくなってくる。

通級で担当する子たちは、自分がうまくできるという見通しがもてないと活動に参加しない子がたくさんいるが、ユニホックだと全員の児童が活動に参加した。運動が苦手な子や特別な支援を必要とする子でも、親しみやすい攻守入乱れ型のゲームだ。

3 解決策（共有化）

①自分の動きをメタ認知する。
②ゲームを止め空間に動く。

ユニホックはスティックでのボールの扱いは比較的簡単だが、パスをもらいやすい場所にいないとボールに触れる回数が減ってくる。そこでゲームの様子をタブレットで動画を撮り試合後すぐに確認をする。自分の動きを、映像を見てメタ認知していくと、パスをもらいやすい場所に動けていなかったり、自陣のゴール前にずっといたりする等の癖が少しずつ見えてくる。また友達のよい動き方が視覚的にもわかり次のゲームで生かすことができるようになってくる。

ゲーム中にパスを出しにくい場所に味方がいた場合に全員の動きを止めパスをもらえる場所に移動をさせる。その後リスタートする。毎回動きを止めパスをもらいやすい場所に移動させることによって、ボールをもっていないときの動きがよくなる。パスも通るようになり苦手な

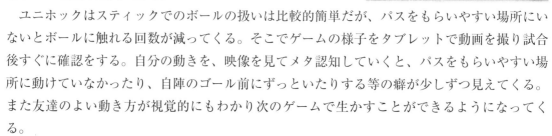

子でもボールに触れる頻度が増加してくる。

4 初期感覚づくり

　触覚、固有感覚、前庭感覚の3つの感覚を養える動きを楽しみながら体験させる。スティックでボールを転がしながら自由に動いたり、2人組でパス、トラップ、ドリブルなどを行ったりしてボールにたくさん触れスティックとボールに慣れさせる。

①ボールとスティックをもち自由に動き回る。
②2人組でパス、トラップ、ドリブル練習。

5 基礎感覚づくり

　ユニホックのゲームに近い動きの練習を行う。敵からボールを取られないようにしたり、空いているスペースに動いたり、敵に取られないようにパスを出したりする感覚を養う。

①鳥かご

　　3人が三角形をつくりパスをする。鬼が三角形の中に入りパスのカットをする。鬼にボールを取られたら鬼を交代する。

②ボール取りゲーム

　　コート内に全員が入り、1人が1個ボールをもちドリブルをする。2人鬼を決め（鬼はボールをもたない）鬼にボールを取られないようにする。鬼にボールを取られたり、コートの外に出たりしたら鬼を交代する。

6 運動づくり

　1対1でゲームを行いどちらかが点を決めたら次の友達同士ゲームをする。はじめは少ない人数でゲームを行うことでボールに触れる回数が増えゲームの形に慣れることができる。また相手からボールをカットさえすれば、運動が苦手な子や特別な支援が必要な子でも得点を決め逆転現象を起こすことができる。その後チームの人数を増やしていき実際に試合の形でゲームを行う。なお試合中に競り合ってくるとハイスティック（反則：スティックの先がひざより上に上がる）になったり、スティックが友達に当たりトラブルになったりすることがある。指導者が試合中にハイスティックにならないように声掛けをしたり、体の動きをうまくコントロールできている子を賞賛したり、試合後に映像を見て自分の体の動きをメタ認知させたりする。

①チームごとに1対1、2対2、3対3のステップでゲームをする。
②ゲームのルール。

＜ゲームルール＞

①試合のはじめはコートの中央から両チーム1人ずつ代表がボールを取
　り合うところからスタートする。
②ハイスティックは反則になり、その場から相手チームのボールとなる。
③ゴールした場合、ゴール前からゴールを入れられたチームからの攻撃
　となる。

　ユニホックは、運動が苦手な子や特別な支援が必要な子でも簡単にボールを扱え、気軽に取り組める最高の運動である。

11章 「表現運動」苦手徴候と克服する指導ポイント

表現運動

【藤崎富美子】

| 学年 | 1～2年生 | 所要時間 | 5～10分 | 準備物 | リズム太鼓 |

1 【まねっこ遊び】恥ずかしがって、自分から動けない

●特別支援が必要な状況

1 ねらい（焦点化）

　表現運動は、自由にのびのびやれるので、大いに楽しめる運動である。しかし、「恥ずかしがって、自分から動けない」という状況もよくある。そのような気持ちを払拭するために、「からだほぐしの運動」を取り入れる。さまざまな動きを経験して体をほぐしていくことで心もほぐしていく。

2 苦手・つまずきの背景（視覚化）

　苦手と感じている児童は、「表現運動は難しいものだ」と感じている。また、表現したいと思っても、動くことが楽しいという経験の不足によって「恥ずかしい」と思っている。

　発達に凸凹のある児童は、特に、身体感覚が弱い、体の動かし方がわからず固まってしまうなどの状況も見られる。その恥ずかしさと抵抗感を取り除くために、簡単にできて「楽しいな」と感じることができる運動を毎時間取り入れる。

　そこで、動きを視覚化する。

| ①太鼓のリズムにあわせて動く。 | ②ふれあい軽くドンタッチ。 | ③気持ちよくなるストレッチ。 | ④楽しいジャンケン遊び。 | ⑤歌にあわせて動く。 | ⑥ミラー＆シャドーまねっこ遊び。 |

3 解決策（共有化）

①簡単な動きからスモールステップでの指導をする。
②交流を入れた体の動きのバリエーションを増やす。

　動きは、簡単なものからがよい。抵抗感があり、恥ずかしいと感じている児童が、すぐに動けるようにしたい。リズム太鼓にあわせて、歩く、走る、スキップ、ギャロップなどをする。自由に動きながら、スキンシップやコミュニケーションを図るようにドンタッチやストレッチに変更していく。「じゃんけん列車」は、つながってジャンケンをする繰り返しで楽しく交流が生まれる。「進化ジャンケン」は、動物が進化することで、自然な動きが生まれる。「せっせっせ」「あんたがたどこさ」では、リズムにあわせて動いたり、楽しくふれあいながら交流したりできる。「ミラー＆シャドー」「新聞紙になろう」など、自分で考えた動きができるようにしていく。

4 初期感覚づくり

①リズム感を育てる。

　リズム太鼓にあわせて動くことから始める。

　太鼓のうち方で、いろいろなリズムができる。止まったとき、両手を上げて、隣の人とぶつからないようにする。自然にスキンシップが図れるようにしていく。

【リズム太鼓で動く】	【ドンタッチ】軽くタッチが約束。
1　いろいろな方向に歩く。 2　前向きでいろいろな方向に走る。 3　後ろ向きでいろいろな方向に走る。 4　スキップで走る。 5　ギャロップで走る。 6　止まってポーズ。	1　リズム太鼓にあわせて動く。 2　「人さし指と人さし指でこんにちは」と言ったら、すれ違う人と指と指をあわせて「こんにちは」と言う。 3　ひじ、ひざ、肩、頭、お尻と指示する。 4　走りながら行う。

②スキンシップで一緒に運動する楽しさを感じさせる。

【ストレッチ】気持ちよくなるが約束。
1　ペアをつくる。
2　背中、体側、肩のストレッチ。
3　肩たたき。
4　寝ながらの瞬間脱力→ゆらゆら
5　背中合わせで、一緒に座る、立つ。
6　4人組、8人組と増やして行う。

【じゃんけん列車】
　ジャンケンして負けたら股くぐりをする、つながってジャンケンをする繰り返しで楽しく交流が生まれる。

5 基礎感覚づくり

体の動かし方のバリエーションを増やす。

「進化ジャンケン」…簡単な動物の動きをつかむ。

「せっせっせ」…歌にあわせて一緒に動くことの楽しさを感じることができる。

「あんたがたどこさ」…歌→左右ジャンプ→前ジャンプ→ペアジャンプで、リズムにあわせて動いたり、楽しくふれあいながら交流したりできる。

6 運動づくり

「ミラー＆シャドー」…鏡に映ったようにまねをする。

　　教師対児童、2人組、4人組と増やしていく。

「新聞紙にへんしん」…1人が新聞紙を動かし、もう1人はその動きをまねしていく。

　　たたんだり、丸めたり、よじったり……とさまざまな動きが出てくる。

　　※ボールや傘、ひもでも可。

表現運動					【三島麻美】
学年	3〜4年生	所要時間	2時間	準備物	リズム太鼓　CD　CDプレイヤー

2 【まねっこ遊び】
動きのまねが逆になってしまう子

●特別支援が必要な状況

1 ねらい（焦点化）

　表現運動は「模倣（まね）」から始まる。「まね」が苦手な子どもは、認知や言語の発達が遅れている場合がある。視覚や聴覚などから得た情報を記憶して運動につなげることが難しいので、他者の動きをまねすることができないのである。表現運動の初期感覚、基礎感覚を身につけながら、「模倣の基礎」「模倣に必要な言語の習得」を行う。

2 苦手・つまずきの背景（視覚化）

　体の動きは言葉だけで説明しても伝わりにくい。だから、教師が実際に動きながらまねをさせることが基本となる。しかし友達や教師の動きを見てまねをすることができない子どもがいる。

自分と相手の動作を置き換えて考えることができない。

自分の体の動きを客観的にイメージできない。

速さや複雑さについていけない。

　一番多いのが、向かい合わせで動きのまねをさせると左右や裏表が逆になる子である。これは、自分と相手の体の動きを客観的にイメージすることができないからである。また、「右腕を曲げる」と指示を出されても、左右や体の部位を示す言葉が身についていない子もいる。このような子どもはワーキングメモリが少ないことも多いので、連続した動きや早い動きについていくことも難しい。

3 解決策（共有化）

①**自分の体の動きをつかんだり、客観的に見たりする運動を行う。**
②**体の部位や動きを示す言葉を繰り返し使って覚えさせる。**
③**ゆっくりした動き、1つの動きからまねさせる。**

　自分の体の動きをつかむためには、イメージした動きと実際の動きのずれが体感でわかる運動をするとよい。体育館にひいてあるラインの上をまっすぐ歩いたり、ジャングルジムなどを使って狭いところをくぐり抜けたりする運動である。普段から準備運動として楽しく授業に取り入れるとよい。自分の動きを客観的に見るためには、教師は子どもたちと並んで同じ方向を向き、鏡やカメラを使って相手と自分の動きを同時に見る練習が効果的である。自分の動きと相手の動きを客観的に見ることで「相手と同じ動きをする」とはどういうことがわかる。ま

た、教師が「右手！」と言って手をあげたら子どもも「右手！」と言いながら手をあげる、などのゲームをして、「左右、上下」「曲げる、伸ばす」などの向きや動きを表す言葉や「腕、肘、手のひら、ひざ、かかと」などの体の部位を表す言葉を繰り返し使い、覚えさせていく。

4 初期感覚づくり

2人組で手をつないで歩く、走る、スキップなどを準備運動に取り入れると、友達の動きとあわせて動こうとするので、自分の運動のイメージと体の動きのずれが修正しやすい。また、同じ場所での足踏みや線に沿った行進、股くぐりなどの運動で、自分の体の動きをつかみ、イメージ通りに体を動かす練習をする。足踏みや行進を「右、左」と言いながら行うと言葉と体の動きがつながっていく。

手をつないで運動する　同じ場所での足踏み　線に沿った行進　股くぐり

5 基礎感覚づくり

リズム遊びでは、教師や友達とリズムをあわせて同じように体を動かす感覚が必要となる。「まねっこ遊び」で楽しく練習させる。まねさせる動きは、「大きく」「ゆっくり」「最後はぴたっと止める」ことを条件とする。

<方法>
①2人組、あるいは数人のグループをつくる。
②動きを考える子とまねをする子を決める。
③動きを考える子が、教師が叩くリズム太鼓や音楽にあわせて体を動かしたりポーズをとったりし、他の子はそれをまねする。
④時間で役割を交替する。
⑤苦手な子どもは鏡の前であわせてみさせて、動きのずれを修正する。

6 運動づくり

基礎感覚づくりで練習した動きを生かして、動物の動きをつくる。動物の動きをイメージすることが難しい子どものために、まずは全員で同じ動物の動きを考え、上手な子のまねをさせる。その後グループで動物たちの物語を考えて動きをつくらせる。

<運動の流れ>
①ぞう、きりん、馬など、教師が提示した動物の動きを考える。
②よい動きをしている子どもを紹介し、どこがよいのかを考えた後、全員でまねしてみる。
③友達のよい動きを参考に、それぞれの動物の動きの工夫を考える。
④グループで「動物園の1日（例）」をテーマに、動物たちの動きを取り入れたダンスを考え、発表する。

表現運動						【冨築啓子】
学年	3～4年生	所要時間	6時間	準備物	軽快なリズムの曲　CDデッキ	

3 【リズムダンス】
動きが小さくなってしまう

●特別支援が必要な状況

1 ねらい（焦点化）

　表現運動は、仲間と共に体を動かし、共感したり交流したりできる楽しい運動である。動きがうまくとらえられず、苦手意識が出てしまうと、楽しくないだけでなく、やりたくない気持ちが大きくなる。いやいや動き、何をやっているかわからないくらい動きが小さくなってしまう。のびのび大きく動くことはどういうことかをわからせ、仲間と共に動いて楽しいと感じさせてやることが大切だ。

2 苦手・つまずきの背景（視覚化）

　表現運動の中でもリズムダンスを中心に見ていく。動きが小さくなってしまうのには、以下のような原因が考えられる。

①どう動いてよいかわからない。	②恥ずかしいから小さい動きになる。	③しっかり腕を伸ばしたり足を広げたりすることができない。	④リズムに乗れない。

　これらの原因は、重なり合っていることが多い。どう動いていいかわからないから、リズムに乗れない。恥ずかしいから、手足が曲がってしまい、動きが小さくなってしまう。等。
　まずは、間違ってもいいよ、みんなで動けば楽しいよ、先生も一緒に踊るよ、そんな安心できる場から設定してやることが大切だ。安心して動くことができるようになれば、動きを大きくしてやる手立てをすればよい。

3 解決策（共有化）

①2人組や全体で動く。
②**動きが大きくなる手立てその1をする（腕を伸ばし指を広げる）。**
③**動きが大きくなる手立てその2をする（足を広げひざを上げる）。**

腕を伸ばし、指を広げる。

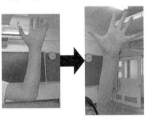

　動きを大きくするには、まずどんな動きなのかがわからなくてはならない。1人で動けるのなら1人でいてもいいし、1人でわかりにくいときは、2人組で動いたり、全体で円になって動いたりする。どんな動きかがわかり、一緒に動く楽しさを感じさせる。

手足は大きく広げ、ひざを上げる。

　その後、動きを大きくするポイントを示す。手を伸ばす、指を開く、足を広げる、ひざを上げるなど（右写真参照）を意識させる。

できるとほめる。それを繰り返すことで、大きな動きができるようになる。
　また、おへそを意識して揺らすようにする。おへそを揺らすと、体全体で動くことになり、動きが大きくなっていく。

4 初期感覚づくり

　初期感覚づくりとしては、リズムを体に感じることが大事である。
　音楽にあわせて手拍子をしたり肩たたきをしたり、わらべ歌や手遊び歌をすることで、基礎的なリズム感が養われる。
　わらべ歌や手遊び歌は、歌いながらリズムにあわせて手を動かすので、やっているうちにリズム感が身につく。あんたがたどこさ、おちゃらか、茶つみ、アルプス一万尺、十五夜さんの餅つきなどは、子どもたちも大好きだ。

肩たたき

アルプス一万尺

5 基礎感覚づくり

　初期感覚づくりでは、体ほぐしの運動を取り入れるとよい。
　体ほぐしの運動は、体を動かす楽しさや心地よさを味わうことで、体の状態に気づき、のびのびと体を動かすことができるようになる。
　体ほぐしの運動は、以下のような運動（写真参照）がある。準備運動で、体ほぐしの運動を行い、心と体を十分にほぐすことで、のびのびと大きな動きで、リズムダンスができる。

からだジャンケン	タイミングをあわせてジャンプ	バランスくずし	リズムにあわせてウォーキング

6 運動づくり

　大きな動きでリズムダンスをするには、「おへそ」を意識することが大切だ。子どもが「おへそ」を意識するように、「おへそを上下前後左右に動かそう」と声掛けする。おへそを揺らすことで、子どもの動きは大きくなる。
　また、「4つのくずし」（右表）を活用し、動き方の視点を示すとよい。空間→体→リズム→かかわりの順で、1つずつくずしを体験させることで、動きにメリハリができ、大きな動きにつながる。

```
＜4つのくずし＞
○空間のくずし（人のいないところへ動くなど）
○体のくずし（ねじる、跳ぶなど）
○リズムのくずし（すばやく、ゆっくりなど）
○かかわりのくずし（友達と同じ動きや反対の動きなど）
```

　子どもたちの動きが、より大きくなるように、「指先までのりのりで踊っているよ」「体育館までリズムに乗って踊っているよ」「髪の毛も踊らせよう」などの声掛けをするとよい。
　また、動きのいい子を見つけて、「今度は〇〇さんのまねをしよう」と言うのも効果的である。よい動きをまねさせることで、動きが大きくなる。

＜参考文献＞阿部利彦監修『気になる子の体育　授業で生かせる実例52』（学研）
　　　　　村田芳子『表現運動―表現の最新指導法　新学習指導要領対応』（小学館）

表現運動　【川端弘子】

| 学年 | 3～4年生 | 所要時間 | 10～15分 | 準備物 | CDデッキ　音源 GReeeen「SUN SHNE」 |

4 【体じゃんけん】 まねができない子の動ける身体づくり

●特別支援が必要な状況

1 ねらい（焦点化）

　表現運動（遊び）は、全身で弾む（踊る）楽しさを体感できる。自己の表現を高める要素として「音・リズム」「動き」「イメージ」がある。豊かな経験の積み重ねが多様な動きを引き出してくれる。反対に他者の動きをまねすることは、ミラーニューロン（相手の心を読む）の発達に重要でコミュニケーション力の基礎を培うことができる。

2 苦手・つまずきの背景（視覚化）

　表現運動（遊び）では、「動作の模倣ができる」ことが指導目標にもなる。「先生や、友達のまねどんどんしよう！」と安全地帯を用意する。心的な壁を低くして、「ダンスって簡単なんだ！　リズム感がなくてもできるんだ！」特に「人にあわせるって楽しいな、おもしろいな」と子ども自身が感じられるような対応を心がける。「まねができる」ことが、ポイントになる。一方、「まねができない」子どもの模倣発達として「まねができない」原因を5つあげてみる。
①身体機能の把握。左右の手足の動きや重心がタイミングよく動かない。見通しが立たない。
②基礎感覚の把握。動きが「できるような気がする」というキネステーゼ感覚がもてない。
③情報把握。目で見た世界・情報を正確に捉えることができない。○や△も見分けにくい。
④運動出力。目で見た情報を基に手や足の動きを調整することができない。目と手の協応の動作がねらいの模倣は難しい（手だけ足だけなどその部位だけの模倣であればできる）。
⑤記憶とイメージ・見たこと・経験したことが保存できない。ダンスの動きを記憶できない。

3 解決策（共有化）…動ける身体づくり

①座位姿勢から立位姿勢へ。
②身体に触れる動きから身体に触れない動きへ。
③左右対称の動きから非対称の動きへ。

　座位姿勢で模倣する方が、立位姿勢より安定できる。モデルとなる子の動きを目で追うときに視線が安定しやすいことが関係している。「タッチする」手の平で、頭、肩、ひざ、お尻に触れる動きは運動の終わりがわかりやすいため、ピタッとポーズをとることができる。正中線（鼻とへそを結ぶ線）を挟んで左右対称の動きは、見たことを1つにまとめて記憶ができるので模倣がしやすい。左右非対称の動きは、右側と左側の違う動きを「記憶」し「注意する」ことが必要となる。非対称の中でも、手や足をクロスさせる動作では難易度がアップする。また、発達が初期の場合は、モデルは人間よりも絵の方が、模倣しやすいようである。

4 初期感覚づくり…リズム感の取り方

座位で上体のみの運動から始め静的運動から動的運動までさまざまな運動を取り入れて模倣していく。次に体と心が解放されリズムに乗った状態から立位で簡単な動きに弾みを入れて連続した多くの動きを経験。簡単な動きを繰り返すことで「できる」体験を積み重ねる（習得）。

<方法>

わくわく

トントン

①隣の人と手をつなぎ、体を動かしてリズムをとる（座位）。
②手、ひざ、お腹、頭、お尻の部位を2拍のリズムでたたく。
③動きの変化でリズムをくずしてポーズをとる瞬間をつくる。1・2・手拍子（ポーズ）と3拍目にアクセントをつける。「グー」「チョキ」「パー」や左右対称・非対称の動きを教師や友達のまねをさせる。
④立ち上がり足踏み1・2・お友達とタッチの繰り返しでたくさんのお友達と楽しむ。

5 基礎感覚づくり…まねっこ体じゃんけんでアイスブレーク

「じゃんけんぽん！　ぽん！」で正中線を越えないグー・チョキ・パーの易の動きまねからリズムよく繰り返す。次に、「ケラケラじゃんけん」の掛け声と一緒に両手をおなかの前でくるくる糸巻きした動きで勢いをつけてじゃんけんを楽しむ。

<方法>①鏡（ミラー遊び）になり、はじめは教師の動きのまねをする。

右手で回る

両手で回る

②「ケラケラじゃんけん！　じゃんけんぽん！」「グー」「チョキ」「パー」。＊正中線を超えない両手をあげて体全体でグー・チョキ・パーの動きのまねから始めてもよい。

③友達のオリジナルポーズをまねする。「まねっこじゃんけん！　じゃんけんぽん！」＊模倣が苦手な子に「○○さんのチョキはとってもとがっている」とほめて、価値付けてヒーローにする。モデル化することで「できた！」の自己有能感を高める。
④ペアになり勝ちが前、負けが先頭のまねをしながら移動する（8拍で合図）。相手ペアとハイタッチしてからじゃんけんする。負けたペアは、勝ったペア子が先頭になりペアを組む。
＊2人→4人→8人→全体と列車のようにつながっていき合図で円になりフォークダンス！

6 運動づくり…声のリズムから動きをつなげ曲にあわせて、とにかく楽しむ

基礎感覚「じゃんけん」と新しい動き「ウキウキダンス」を連続した動きにする。

<方法>

①ペアと「ウキウキダンス」で弾んだ後に「ケラケラじゃんけん」（④と同じ）をする。
　1．右手で握手してスキップ回り1～8、反対の手左手で握手してスキップ回り1～8。
　2．足パーで右へわくわく動き（1・2）両手合わせでタンタン（3・4）反対も。
　3．両手つないで回る。1～8。　4．ケラケラじゃんけん1～8。
　5．新しいペアを見つける。
②新しいペアと①の動きを繰り返して楽しむ。＊2のわくわく動き8拍を創作して共有する。
「まねができない」子どもの原因・つまずきを知ることで模倣の難易度を理解し、スモールステップの指導につなげる。「できた！」「やってみたい！」は表現運動のビッグチャンス！

表現運動

【佐藤貴子】

| 学年 | 1～6年生 | 所要時間 | 2時間 | 準備物 | ボール　ラジカセ　CD |

【リズムダンス】
5 友達と手をつないで踊ることが難しいとき、ノリのいい曲を！

●特別支援が必要な状況

1 ねらい（焦点化）

　教師が「一緒に踊ろう！」と言っても、いやがって、踊らない子がいる。ダンスの第1段階として、友達とのペアダンスがおすすめである。仲良しの友達と一緒に手を合わせる「お手合わせのダンス」なら抵抗は少ない。お手合わせと簡単な動きの組み合わさったダンスなら誰でもできる。まずは、そこからスタートである。

2 苦手・つまずきの背景（視覚化）

　「さぁ、音楽に合わせて自由に踊りましょう！」と言っても、踊れない子は多い。恥ずかしさもあるが、恥ずかしさ以前にどう動いていいのかわからないのである。「お手合わせのダンス」は、動きが簡単で、4拍子の曲ならどんな曲にでも合う。曲に合わせ、お手合わせを繰り返すだけである。一連の動きは、教師が見本を見せ、スモールステップでまねをさせればよい。

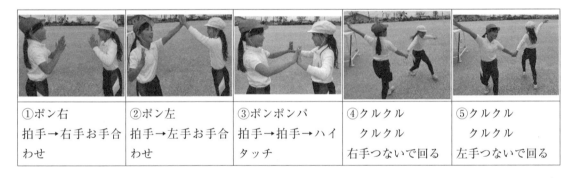

| ①ポン右 | ②ポン左 | ③ポンポンパ | ④クルクル | ⑤クルクル |
| 拍手→右手お手合わせ | 拍手→左手お手合わせ | 拍手→拍手→ハイタッチ | クルクル右手つないで回る | クルクル左手つないで回る |

　「ポン右・ポン左・ポンポンパ」といったように、声をかけながら動きをつけると、気持ちがそろい、楽しい雰囲気ができる。

3 解決策（共有化）

①シンプルな動きから始める。
②ノリのよい曲を選ぶ。
③曲の中に変化を入れる。

　お手合わせが難しい場合は、シンプルな動きに変化させるとよい。たとえば、握手や拍手なら、誰でもできる。「右手握手4回」（4拍）→「左手握手4回」（4拍）→「拍手4回」（4拍）→タッチ4回（4拍）となる。この一連の動きを、音楽に合わせ、繰り返せば、簡単で楽しいリズムダンス完成である。

　ポイントは、ノリのいい曲を選ぶこと。たとえば、「ミッキーマウスマーチ」や「崖の上の

ポニョ」など、曲が流れるだけで、心がわくわくするような曲がよい。のって踊っていれば、少しぐらい拍がずれていても平気である。

慣れてきたら、間奏の間に、ペアチェンジをしたり、円になったりして、変化をつけると楽しい。基本の動きができていれば、あとは、「あ～楽しかった！」と踊りまくるはずである。

4 初期感覚づくり

2人組での「お手合わせ」は、感覚統合の素地づくりからも、有効な運動である。友達と体を触れあって行うお手合わせは「触覚」を鍛え、手をつないで回る動きは、「前感覚（バランス感覚）」を鍛える。友達と手をつなぐことにより、コミュニケーション能力を育て、仲間づくりをすることができる。

＜方法＞
①2人組で手をつなぐ。
②お手合わせの動きを覚える。
③手をつないで、カウントに合わせ回る動きを覚える。
④お手合わせから回転まで、一連の動きをカウントに合わせ、行う。

5 基礎感覚づくり

動きを覚えたら、お手合わせも回転も、弾みながら行うとかっこいい。これは、上手な子の動きを見せるのがよい。弾む感覚がつかめてきたら、ダンスはうんと楽しくなる。

＜方法＞
①覚えた「お手合わせ」を弾みながら行う。
②教師の「ポン右・ポン左」というかけ声に合わせ、弾みながら踊る。
③音楽に合わせ、お手合わせを繰り返し、「お手合わせダンス」を踊る。

6 運動づくり

一連の「お手合わせダンス」の動きを覚えたら、「お手合わせ」の動きをメインに、1曲通して踊ることをさせたい。自由なペアダンスを入れたり、ペアチェンジをしたり、一重円になったり、教師の指示で、どんどん変化させていくと楽しい。

＜方法＞
①教師のまねをして、ペアダンスを踊る（手をつないでゆれる、回る、ジャンプするなど）。
②ペアチェンジして、踊る。
③一重円になり、時計回りにスキップする。
④音楽に合わせ、踊る（教師の指示で変化を入れる）。

「お手合わせダンス」は、特別支援学校でも、保護者学級の親子ダンスでも、すぐその場ででき、とても盛り上がった。

11章 「表現運動」苦手徴候と克服する指導ポイント 135

表現運動						【鈴木恭子】
学年	1～6年生	所要時間	2時間	準備物	ボール　ラジカセ　CD	

6 【フォークダンス】
みんなとつながって「ジェンガ」を踊ろう

●特別支援が必要な状況

1 ねらい（焦点化）

特別支援の子どもの中には、1人ではリズムに合わせられない場合がある。そういう子どもには、友達と一緒に動いて一体感を味わわせていく。もっとこの運動をやろうとする気持ちにつながり、楽しく練習できるようにする。

2 苦手・つまずきの背景（視覚化）

特別支援の子どもが「リズムに合わせられない」のは、以下の原因が考えられる。

①音がわからない→音として聞こえてはいるが自分の必要な情報として認知できない。

②目から入った情報が動作に結びつくまでに時間がかかる（目と手の協応動作）。
　→模倣することができない。視覚情報を運動と連携させることが苦手。

③日常生活のリズムがとれていない→生活自体のリズム（心地良い周期・循環）が身についていない。身体的機能・運動的機能・社会的機能などその子どもの苦手を知る必要がある。

3 解決策（共有化）

方法1　初期感覚づくり

まず、その場で両足ジャンプができるかをチェックする。両手両足を一緒に動かせることは、脊椎がきちんと身体の真ん中にあり、重力に対してバランスが取れていることになる。

両足を揃えてジャンプすることができることは、縄跳び運動の跳躍や跳び箱運動の踏み切りなど、これからの分化していくさまざまな運動の大切なポイントとなる。

具体的には、変化あるくり返しで楽しくくり返す。

○2人が向かい合って手押し相撲＜両手を同時に動かす動き＞
　　相手の動きを見ながら力を調整し、バランス感覚を養う。

○アルプス一万尺・お寺の和尚さん・茶摘み・十五夜さんのもちつき・あんたがたどこさ・かごめかごめ、など簡単な手遊び歌＜拍にのる力＞

リズミカルな曲想に合わせて手足を動かす。相手がいるので＜真似する力＞も期待できる。さらにお手合わせのときに正中線（この場合、身体の左右の中心線）を通る動きが多く出てくるので、効果的である。

○教師と両手をつないでジャンプ

上記の内容が困難な子どもには、教師が両手をもって、一緒にジャンプする。くり返しが楽しめるリズムに合わせてジャンプする。曲の速さを変えることで、聴く力が育ち、合わせる力も伸びる。

○トランポリンは、最も底辺となる感覚づくりに効果がある。

方法2　基礎感覚づくり／基礎技能づくり
　リズム太鼓を使うとバリエーションが広がる。
○1・2・③で高く跳ぶ。できれば、つま先で跳ぶことを指導したい。
○1・2・③で45度向きを変える。
○1・2・③でしゃがむ（床に手をつく）。
○1・2・③ケンステップを置いて跳ぶ。
○短縄を2つに折って地面に置く。その縄を左右に跳ぶ。前後に跳ぶ。はじめはゆっくり、だんだん速くしていく。リズム太鼓を使ってあおると特別支援の子どもも熱中する。
○4～5人グループをつくって、縄跳びを地面に50cm～1m感覚ぐらいに置き両足跳びジャンプの連続。

方法3　運動づくり
　楽しく一体感をもってできる動きが、フォークダンスの中にある。「ジェンガ」両足で前後に動く。片足ケンケンに似た動きもあるが、リズムに合っていればOKである。

①楽しくジャンプ練習
　a　短縄を2つに折り、地面に置く。その縄を縦に跳んだり横に跳んだりする。速さを変えると楽しく、何度もくり返すことができる。
　b　＜［前・後ろ・右・左］×2＞の動きを1クールとして両足ジャンプをする。はじめは1人で、次に2人になり列車のようにつながる。次は4人で、8人で……。
　　縦並びから横並びに変えても楽しい。2グループに分けて、拍を合わせたチーム戦をするのも楽しい。

②「ジェンガ」
　0）常に先生の方におへそを向けて立つ。
　1）その場で両足ジャンプ。
　2）両足ジャンプから右足をヒールタッチ→戻す。
　3）両足ジャンプから左足をヒールタッチ→戻す。
　4）前に3回跳ぶ。
　5）曲に乗りながら「♪誰かと誰かとジャンケンポン」といって出会った相手とジャンケンをし、負けたら勝った人の後ろにつき肩に両手を置く。＜2人組＞
　6）しばらく続けできたことに「♪誰かと誰かとジャンケンポン」といって4人組をつくる。
　7）頃合いを見て、先頭の子どもを交代する。先頭だった人は、列の一番最後につく。
　8）全員が先頭に来るように余裕をもってやる。

<参考文献>
灰谷　孝『人間脳を育てる』（花風社）
阿部利彦監修『気になる子の体育』（学研）
飯嶋正博『不器用な子どもの動きづくり』（かもがわ出版）

12章 縄跳び運動

【奈良部芙由子】

| 学年 | 1～6年生 | 所要時間 | 4時間 | 準備物 | 短縄 |

1 【前跳び】手足の協応運動ができない

●特別支援が必要な状況

1 ねらい（焦点化）

短縄は、手と足を違うタイミングで、両手両足はそろえて動かさなければならない。不器用さをもつ子には難しい。指導の最初にどのステップでつまずいているのか判断し、その子にあったステップから練習を始め、スモールステップで前跳びを目指す。

2 苦手・つまずきの背景（視覚化）

特別支援学級42人を対象に縄跳びのチェックを行った。1回も跳べなかった子どもは7人。跳べなかった原因は次の通りであった。
①両足をそろえたジャンプができない。
②両手をそろえてスムーズに縄を後ろから前に回せない。
③縄が見えない（後ろに行ってしまうと）と回せない。
④ジャンプと同時に手が上に上がって、下におろせない。

体の前と後ろ、上と下と正中線を越える動きは、不器用さのある子どもたちにとって難しい。手と足が同時に別々の動きも難しい。どこに困難さをもっているのか、1人ずつ跳ばせることで確認する。

3 解決策（共有化）

次のポイントをチェックする。
①ジャンプがひざと足首を使って自然にできているか。
②縄をもったまま1周回すことができるか。
③連続して同じ場所でジャンプできるか。
④1人で連続して前回し跳びができるか。

できていないポイントにあわせて練習方法を伝える。

①ジャンプしないで手を回す（動かす）。　②縄を地面に置いて跳ぶ。
③回してジャンプする感覚をつかむ。　　④1人で縄を回して跳ぶ。

ポイント①
ひざ、腰、足首の関節部分が曲がっているかどうかを確認する。関節が曲がっていないとジャンプができない。

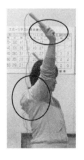

ポイント②
手首が肩より後ろから、前に自然に回せるかどうかを確認する。

——
縄跳び運動　苦手徴候と克服する指導ポイント

4 初期感覚づくり

(1) ジャンプしないで手を回す（動かす）指導

以下の3つを行う。いずれもジャンプはしないで、手だけ動かす。

①両手で拍手。
②両手でももを打つ。
③両手一緒に後ろから前にぐるぐる回す。
　同じリズムで打てるようになったら、跳び縄をもつ。
①片手で縄をもって頭の上で回す（ヘリコプター）。
②片手で縄をもって体の横で回す（車輪）。

5 基礎感覚づくり

(1) 縄を地面に置いて跳ぶ

①縄を地面に横向きに置き、前後に跳ぶ。
②両手で縄をもち、手を上げて縄をあげ、前に下ろして跳ぶ。
　「バンザイ！　おろして、ピョン」と言いながら1つずつゆっくり行う。

①縄を置いて跳ぶ

②バンザイ！

おろして

ピョン

(2) 回してジャンプする感覚をつかむ

縄を後ろから前に回すためには、手首を使わないとできない。そこで、道具を利用する。

①フラフープを回して跳ぶ。
②新聞紙を巻いて跳ぶ。
　新聞紙2枚の短辺にあうように綱を置き、筒状に巻く。
　跳べるようになったら少しずつ筒を短くしていく。

6 運動づくり

(1) 1人で縄を回して跳ぶ

①前にジャンプして跳ぶ。
　その場で跳ぶよりも、立ち幅跳びのように前にジャンプする方が跳びやすい。後ろから前に回せるようになったら、両足で前に跳びながらリズムをつかむ。

②その場で回して跳ぶ。
　最後にその場で跳べるように練習する。具体的にできている部分をほめ、励まし続ける。

縄跳び運動					【藤田明子】
学年	1～2年生	所要時間	6時間	準備物	フープ　ペットボトル　ゴム紐　芯　ボード

2 【前回し跳び】
縄跳びが全くできなかった子

●特別支援が必要な状況

1 ねらい（焦点化）

　縄跳びは協調運動である。協調運動障害のある人にとって手と足を同時に動かすことは簡単なことではない。身体に障害がなければ、協調運動障害のある児童も跳ぶことは不可能ではない。手足やさまざまな部位を使った運動を行い、体力や運動機能を継続的に高め、さらに跳び縄に工夫を加えることで跳ぶことができる。

2 苦手・つまずきの背景（視覚化）

　縄跳びの難しさは、手と足を同時に動かすことにある。

　自分で動かした縄を跳ぶタイミングがつかめないから跳べないのである。それは、縄が見えないからではないかと考えた。動いている縄ではなく止まっている縄であれば、見える。まずは、止まっている縄（紐）を両足で跳ばせる練習をすることから始めた。

①ペットボトルを使った両足跳び

　水を入れた２Lのペットボトル２本をゴム紐でつなぎ、そのゴム紐を跳ばせる練習も繰り返した。はじめは全く跳べなかったので指導者と向かい合わせに手をつないで練習をした。練習を続けることで両足跳びができるようになった。

②縄を使った両足跳び

　テーブルの脚に縄跳びを縛り付け、少しずつ高さを変えて跳ばせた。跳ぶ場所は、カラーのビニールテープを貼り、視覚的にわかりやすくした。はじめは、床に置いた縄をまたぐところからスタートし、次に、両足で跳ばせる。そして１cmずつ高さを変えて毎時間繰り返した。写真左は、練習始め、右は練習から１週間後の様子。

3 解決策（共有化）

①跳ぶ練習

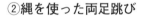

　2②の両足跳びの練習以外にいろいろな方法で跳ぶ練習をした。写真左は、足形を斜めに跳ぶ練習である。はじめは指導者と手をつないで跳び方を練習した。右はタイルの上を斜めに跳んでいく練習。

140

②手の運動

　フラフープを使って跳ぶ練習をした。フラフープをくぐるときに手首を使う。このときの手首の動きが縄跳びを回すときの動きにつながる。

③道具の工夫

　跳び縄の持ち手に長い筒をつけて持ち手を長くした。手首の返しがうまくできないため縄の回転がぎこちなくなる。持ち手を長くすると手首の動きが少なくても長さによって回転しやすくなるのである。持ち手に使用した筒は、方眼用紙が巻いてある芯を利用した。跳び縄の柄がちょうど入る口径だった。縄がたわまないように縄の部分に紙を巻き付けることで、跳びやすくなった。

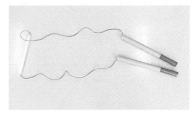

4 初期感覚づくり

　運動が苦手な児童には、動くことに慣れ親しませることが第一と考え、体育や自立活動以外の日常生活の中でも体づくりに取り組んだ。掃除の雑巾がけもトレーニングとし、ただ拭くのではなく、腕を伸ばすことや真っ直ぐに拭くなどに意識させた。また休み時間には、ジャングルジムなどの遊具遊びも行い、体全体を動かすようにした。

5 基礎感覚づくり

　自立活動では、数種類の運動を組み合わせた。メニューの1つ1つの時間は5分程度。
＜メニュー＞1．ラジオ体操　2．ストレッチ　3．手押し車　4．ボード　5．腹筋　6．しゃがみ歩き　7．両足跳び　8．フープ跳び　9．縄跳び

　手押し車、ボード、しゃがみ歩きなどは、作業療法士からは「手や足、体幹が鍛えられてよい」とすすめられた。

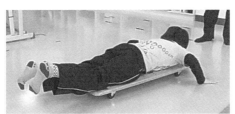

6 運動づくり

　跳ぶ練習、初期感覚や基礎感覚を養うための運動を積み重ねた結果、縄跳びができるようになった。他の運動にもつながり、スキーでの歩行や跳び箱では、両腕で体を支える動きが自力でできるようになった。

12章　「縄跳び運動」苦手徴候と克服する指導ポイント　141

縄跳び運動

【山崎克洋】

| 学年 | 1～2年生 | 所要時間 | 10分ずつ | 準備物 | スーパーとびなわ　フープとびなわ |

3 【縄跳び・後ろ回し】
リズムよく後ろ回しが跳べない

●特別支援が必要な状況

1 ねらい（焦点化）

後ろ跳びを苦手としている特別支援の子どもの共通点は、後ろ跳びに必要な基礎感覚が育っていないことである。しかし、それを短時間で育てようとすればするほど、縄跳びが嫌いになってしまう。変化のある繰り返しと教具の工夫によって、楽しみながらできるようにする。

2 苦手・つまずきの背景（視覚化）

後ろ跳びの苦手な特別支援の子どもに共通して身につけさせたい基礎感覚は次の4つである。

①リズム感覚　　②跳感覚　　③手首回旋感覚　　④手足協応感覚

これらの感覚のうちどの部分で子どもがつまずいているのか、把握する必要がある。例えば、「ケンパ」をさせてみると、その子にリズム感覚や跳感覚が身についているのかどうかがよくわかる。ここでつまずいているようなら、まずは、この2つの感覚を鍛えるところからスタートさせる。これができているなら、残りの手首回旋感覚や手足協応感覚が身についていない可能性がある。そこで、実際に縄跳びを跳ばせてみる。手首の回し方につまずきがあるのか、手足を同時にうまく動かせていないのか、それらを見て、つまずきのポイントを探っていきたい。また、視覚化の視点として、タブレットで「ケンパ」や「縄跳び」をやっている様子を撮影し、子どもに見せてあげることも有効である。どこがうまくいっていないのか、タブレットの映像で見て、本人もつまずきを理解しやすい。

3 解決策（共有化）

①変化のある繰り返しの練習

1時間ずっと縄跳びの指導をしようとするのは、足への負担、精神的な負担から考えても決して有効ではない。だからこそ、毎時間の体育の10分程度に準備運動として練習を取り入れていきたい。初期感覚や基礎感覚を身につける。

②道具の工夫

どんな縄跳びを使うかで跳びやすいかどうかは変わってくる。おすすめは『スーパーとびなわ』である。グリップが長く縄の回転を助けるハトメとワッシャーがついているため、苦手な

子の支援につながる。この縄跳びだけでも十分な支援となるが、さらに跳ぶのが困難な子の場合は、『フープとびなわ』をおすすめしたい。フープとびなわは高畑庄蔵氏が考案した教具である。新体操用のリング（フラフープ）を改造したもので、障害児にとってハードルの高い『回旋』と『跳躍』の動きを助ける教具である。

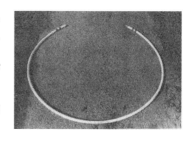

③挑戦したくなる練習を取り入れる

児童が自然と挑戦したくなる縄跳びの練習に向山型の縄跳び級表がある。このカードを使って取り組むことで、子どもたちは休み時間でも縄跳びの練習をするようになる。詳しい指導方法はTOSSランドNo：6330773の鈴木恒太氏の実践に詳しい。

4 初期感覚づくり

縄跳びをもたせない運動で初期感覚をつけていきたい。例えば、先ほど紹介した『ケンパ』を変化のある繰り返しでやらせてみる。最初は普通のケンパ、次はどんじゃんけんのように、2チームに分かれて、出会ったところでジャンケンをするようなゲームにする。楽しみながらリズム感覚や跳感覚につながる初期感覚をつくっていきたい。

5 基礎感覚づくり

後ろ跳びの最も難しいのは、手首回旋感覚を身につけることである。そこで登場するのが先ほどの『フープとびなわ』である。回旋が苦手な子の動きを助けてくれる。さらに、練習をする際にいきなり跳ぶことを目標にするのではなく、『なわをかかとにぶつける』というステップを入れる。縄を回旋させて、その縄がかかとに当たるという感覚を何度か体感させたい。次に、かかとにぶつかってから、縄を跳ぶようにさせる。『バシッ、トン』と言ってイメージ語で伝えながら跳ばせる。そして、最後のステップとして、『クルッ、トン』と言って、ぶつからないように跳ぶ練習へと発展していく。フープとびなわを使った実践では、TOSSランドNo：7937008の五十嵐勝義氏のサイトが大変参考になる。

かかとにぶつける

6 運動づくり

フープとびなわなどを使って、基礎感覚が身についてきたら、後は練習量を確保したい。そこで、先ほど紹介した、縄跳び級表が有効となってくる。さらに、これに加えて、縄跳びリレーをすると子どもたちは熱中する。男女で1列になり、リレー形式で縄跳びを跳んでいき、長く跳んでいたチームが勝ちとなる。この中で、『後ろ跳びリレー』を取り入れる。以前、1年生を担任した際に取り組んでみたところ、最初はできなかった児童が特別な指導がなくても自然とできるようになっていった現象が、次々と起きた。おすすめの縄跳び運動である。

12章 「縄跳び運動」苦手徴候と克服する指導ポイント 143

縄跳び運動						【渡辺喜男】
学年	1～2年生	所要時間	5時間	準備物	短縄	

4 【あや跳び】手を交差させるができない子

●特別支援が必要な状況

1 ねらい（焦点化）

あや跳びは、それまで跳んできた「前跳び」「後ろ跳び」と異なり、「手を交差させる」跳び方であり、低学年の子どもたちが初めて体験する動きである。多くの子はできる子の動きを見て真似をしてできるようになっていく。しかし、特別支援を要する子の中には、なかなかその動きを体得できない子がいる。そんな子でも、スモールステップで1つ1つていねいに動きを教えることで、あや跳びができるようになる。

2 苦手・つまずきの背景（視覚化）

できない子のつまずきの第一は、「手を交差させる」イメージの間違えである。できない子は、腕を胸元まで（半分まで）しか動かさずに、そのまま元に戻してしまうのだ。だから、「交差」していない。特別支援の視点で言うと、体の真ん中をまたいで腕を交差する動き（正中線交差）という感覚統合が未熟なのである。

交差ができる子の動き

交差ができない子の動き

できない子は、「手を交差させる」イメージを間違えている。なんだか、手が「シュシュ」っと動いているとだけ捉えているのである。このイメージを修正しないとできるようにならない。

できない子のつまずきの第二は、手の動きと跳ぶ足の動きが協応していないことである。できない子は、手を交差させる（縄が足元に来る）前に跳んだり、交差させた後に跳んだりするのである。特別支援の視点で言うと、手と足の協応動作が未熟であり、運動の順次性（そして、同時性）が未熟である。

3 解決策（共有化）（スモールステップでていねいに体得させていく）

特別支援を要する子でも、スモールステップで教えることで、あや跳びができるようになる。

①跳ばずにバッテンだけ

跳ばないで、バッテン（腕を交差）させたら、そのまま止める。こうすることで、交差を体得させる。

②あげたつま先の下に入れる

バッテン（腕を交差）したとき、跳ばないで、つま先をあげたところに縄を差し入れる。こうすることで、手首の返しと腕のほどよい高さを体得させる。

③バッテンのまま跳ぶ

バッテン（腕を交差）させたまま、ピョンと跳ぶ。すると、縄がクルンと回る。こうすることで、腕を交差させたときの縄の動きを体得させる。

④バッテンから腕を開いて元にもどる

バッテン（腕を交差）させて跳んだあと、そのまま腕をもどして前跳びを行う。「バッテン・開いて」「バッテン・開いて」…と声かけしていくとよい。

①「バッテン」と声かけ

②「バッテン・つま先」と声かけ

③「バッテン・ピョン」と声かけ

④「バッテン・開いて」と　声かけ

4 声をかけることで、動きのタイミングをわからせる

先にも書いたが、動きにあわせて声をかけていく。実際には、「バッテン」ではなく、「バーッテン」のイメージである。ぜひ、子どもの動きにあわせて言ってほしい。

5 特別な跳び縄（ロープ）

子どもたちが家庭からもってくる跳び縄（ロープ）のほとんどは、効率よく上達するのにふさわしいとは言えない。

特別な跳び縄を紹介する。

まずグリップが長い「スーパーとびなわ」。あや（腕が交差）の形が、グリップが長いのでつくりやすい。もう1つは、「J ROPE リズマックス」。ビーズがつながっていて、ロープの形が保ちやすい（スーパーとびなわは東京教育技術研究所、J ROPE リズマックスはバンダイ）。

スーパーとびなわ

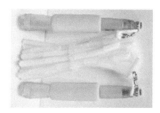
J ROPE リズマックス

縄跳び運動

【廣川　徹】

| 学年 | 4～6年生 | 所要時間 | 4時間 | 準備物 | 短縄 |

5 【交差跳び】
交差跳び・縄が大きく回せない

●特別支援が必要な状況

1 ねらい（焦点化）

　交差跳びは、腕を腹の位置で交差させたまま跳び縄を回す運動である。あや跳びでは、腕を動かす勢いで跳び縄が回るのだが、交差したまま回す動きは、肘から手首を視点に回すことになるため、跳び縄が回しづらくなる。そのため、特別支援の子どもや運動の苦手な子どもは大きく回せない。与える跳び縄に工夫をし、友達との協力で回せるように練習をさせると効果的である。

2 苦手・つまずきの背景（視覚化）

　体を静止させた状態で腕を交差することはできても、跳びながら交差することは難しい場合がある。それに跳び縄の動きを加えるといくつもの動作が重なってくる。協応動作が苦手な特別支援の子どもや運動の苦手な子どもにとっては、さらに困難な状況となる。

| ①腕を交差させたつもりでも、交差しない。 | ②交差はしたけど交差してロープを回せない。 | ③交差させたが、交差位置が高く、ロープがひっかかる。 | ④交差してロープを回せるが輪が小さく跳べない。 |

　自分の動きのイメージと実際の動きが大きく異なっていることが原因と考えられる。動きのイメージと実際の動きを近づけるようにする。

　交差をしたまま跳び縄を前に回す場合、肘から手首にかけての動きは、交差しない前回し跳びの動きとは逆になる。後ろ回し跳びの腕の動きになるのが難しさを増している。

　　左写真の流れ　前回し　　　　　　右写真の流れ　交差すると手首は逆回り

　さらに、交差した腕の位置が高い場合、ロープが短くなって引っかかってしまう。

　そして、交差したまま跳び縄を回せるのだが、交差が小さく、その間を跳べるだけのスペースができないことが考えられる。それらを解決するためには、さまざまな動きをすることと跳ぶために有効な道具を使って練習をすることが大切である。

3 解決策（共有化）

①腕の交差する動きをまねをする。　　　　②切れた跳び縄を使って１人でやってみる。
③補助する人の協力で跳び縄を回してみる。　④長い柄の跳び縄で跳んでみる。

　切れた跳び縄とは、前頁右下の写真のようにロープを切ったものをいう。この跳び縄を使えば、特別支援の子どもも引っかかることはない。ミスをしないでロープを回す練習ができる。
　長い柄の跳び縄とは、柄の部分に堅い筒をとりつける。写真のように、ガムテープで貼り付けるのが手軽である。筒は、模造紙やサランラップの芯を使えば簡単にできる。この長い柄の跳び縄は北海道の宍戸威之氏から教えていただいた。『長柄くん』という。

4 初期感覚づくり

　交差する動作をまねをする。まねをして交差を練習するわけである。教師と向かい合って教師の腕の動きにあわせて、一緒にやってみる。このとき「イチ、ニイ、イチ、ニイ」などの声。
〈方法〉①教師と向かい合って立つ。　②教師が動かす腕の動きをまねて動かす。
　　　　③声を出しながらあや跳びの腕の動きだけを練習する。
　　　　④切れた跳び縄で腕の動きだけをまねをしながら練習する。

5 基礎感覚づくり

　あや跳びの場合は、交差したときに直前の前回しでの縄の勢いでくるっと回る。それが、交差跳びの連続になると勢いはなくなってくるので肘から手首の動きで縄を回さなければならない。そこで、写真のような練習をする。補助をしてもらって縄を回す練習。ここで、肘から手首の動きを体感する。

〈方法〉①腕を交差して補助の人と一緒に縄を回す（片手）。
　　　　②縄にあわせて跳んでみる（片手のみ）。
　　　　③補助を２人にして補助の人と縄を回す（両手）。
　　　　④補助の２人でロープのタイミングをあわせて跳ぶ。
補助する場合、最初は力を入れて回すが、徐々に、跳んでいる子の回す力を中心にする。

6 運動づくり

　交差をする動きができたら、いよいよ『長柄くん』を使う。『長柄くん』を使えば小さな力で大きな円弧をつくって縄が回ってくれる。この『長柄くん』は特別支援の子どもにも効果的である。最初は切れた『長柄くん』を使って、「回す」同時に「跳ぶ」をやってみる。タイミングがあってきたら、切れていない跳び縄で跳ぶ。タイミングがずれたり、縄がうまく回らないときには、補助をつけたり、切れた縄での練習に戻ってみる。できなかった３年生はすぐにできた。

| 縄跳び運動 | | | | | | 【表　克昌】 |

| 学年 | 5～6年生 | 所要時間 | 5時間 | 準備物 | ストップウオッチ　ホイッスル |

6　【二重跳び】縄を回す感覚が身についていない

●特別支援が必要な状況

1 ねらい（焦点化）

　縄跳びの二重跳びは小学生にとって、あこがれの技である。そして、だれもが正しい練習をすれば習得できる技である。しかし、特別支援が必要な子どもにとって、二重跳びが1回できるまでが大変である。1回さえできれば、その後は、連続して跳べる可能性が高まる。二重跳びをできるようにし、子どもたちにも成功体験を味わわせる。

2 苦手・つまずきの背景（視覚化）

　6年生を担任した。特別支援を必要とする子どもを含め、二重跳びができない子どもがいた。二重跳びが、できない子、苦手な子のつまずきは次の3点である。
①縄を回す感覚が身についていない。
②縄を回すスピードが遅い。
③縄とジャンプのタイミングがあっていない。

　しかし、できない子どもには、言葉で指導してもなかなかわかってくれない。そこで取り入れたのは、ミラー練習法である。上手な子どもの動きを見て、同じように行う。そうすることで正しい動きのイメージをつかむことができた。また、「手首を体の近くで回しなさい」という指示もわかりにくい。そこで、ビデオで動きを撮影して、自分の動きを見せながら指導もしてみた。そうすることで、ようやく指示の意味が理解でき、また、練習後のビデオと比較することで上達を認識することにつながった。

3 解決策（共有化）

①縄を回す感覚を身につける

　二重跳びができないK児は、手首で縄を回すことができず、肘から回してしまっている。
　そのためむだな動きも多く、上手に縄を回すことができなかった。そこで縄を回す感覚を身につけるために、右手、左手、内回し、外回しといろいろな方向へ縄を回すようにする。

②縄を回すスピードを上げる

　二重跳びができるようになるためには、高くジャンプするよりも縄を回す回転速度を上げることが大事である。そのために、具体的なめあてを設定する。林恒明氏（元筑波大学附属小）は、1回旋1跳躍の早回しで「30秒間に70回」という目安を提示している。

③タイミングをあわせる

　二重跳びができないY児は、ジャンプと縄を回すタイミングがなかなかあわなかった。そこ

で、ジャンプするのと縄を回すタイミングをあわせる練習が必要である。

4 初期感覚づくり

縄を回す感覚を身につけるために次の運動を各10回ずつ、はじめに行った。

教師が見本を見せながら行った。

①体側回旋（右、左）「体の横で回します」

②体前回旋（右、左）「プロペラ飛行機のように体の前で回します」

③頭上回旋（右、左）「タケコプターのように頭の上で回します」

④8の字回旋（右、左）「体の前で8の字に回します」

 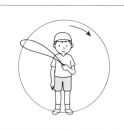  

5 基礎感覚づくり

30秒間早回し跳びを毎回継続して行った。二重跳びができないK児は、肘から回しているのでなかなかスピードが上がらなかったが、あるとき、上手な子どもと向かい合って跳ばせた。すると、相手の動きを見て相手のリズムにあわせて跳ぶようになり、回数が一気に増えた。そして、70回を越えるようになった。また、i-Phoneのスロービデオで撮影し、スローモーションで見せた。やはり、手首ではなく、肘や腕を使って回していたり、左右の手の位置が違ったりするのがわかった。

6 運動づくり

30秒間早回し跳びが70回を越えたら、リズムをあわせる練習に取りかかった。

①リズム打ち

1回ジャンプする間に手を2回たたかせた。それを10回連続で行った。

②もも打ち

1回ジャンプする間に左右の手でももを2回たたかせる。それを10回連続で行った。

③縄のシュシュン回し

二重跳びのためには、縄をシュシュンという音で素早く回す必要がある。最初は、できないので一緒に手をもって行った。「シュシュン」と声に出させるとイメージと動きを結びつけることができる。

④二重跳び1回に挑戦

1回跳びを2回行ってから、3回目に二重跳びに挑戦させた。

Y児やK児ができたときには、抱き合って喜んだ。

<参考文献>藤澤芳昭『"二重跳び連続"3回新ドリル』（明治図書）

縄跳び運動					【永原正裕】
学年	1～6年生	所要時間	7時間	準備物	短縄

7 【二重跳び】体の部位同士の協応が苦手な子

●特別支援が必要な状況

1 ねらい（焦点化）

　縄跳びは「回数」という数値が明確に示されるため、自分の成長を実感しやすい。また、自分のペースで進めることができる。よって、適切な指導の下であれば、過度な負荷をかけることなく、特別な支援を要する子の自己肯定感を高められる。

2 苦手・つまずきの背景（視覚化）

　縄跳びは、体のさまざまな部位を同時に使う。縄を回しながら、ジャンプをするのが基本動作である。縄回しの際は、手首や腕の使い方・脇の締め方など、ジャンプの際は、足裏の着地の仕方・ひざの使い方などを、同時に意識しなければならない。よって、体の部位同士の協応運動が苦手な子にとって、困難さが生じる。

3 解決策（共有化）

①部位を限定して指導する。
②できないところに立ち戻る。
③励まし続ける。

　上記のつまずきを、いきなり全て意識するのは難しいので、意識する体の部位（例：手首、ひざ、足）や動き（例：回す、跳ぶ）を限定し、1つ1つの運動を分けて指導していく。

　スモールステップで進んでいく中で、前段階ではできていたことが、他のことを意識するばかりに次の段階でできなくなってしまうこともある。そのときは無理せず、前のステップに戻ることも必要になる。その際、どうしてできないのか、どこを改善したらできるようになりそうか、というアセスメントが必要だ。よって教師は、その視点をたくさんもっていなければならない。

　また、適切な指導をしても、効果が出るまで時間がかかることが多い。そこで、子どものモチベーションを保たせる工夫も必要になる。私が支援学級で指導した際には、その場での声がけはもちろん、連絡帳などでご家庭に頑張っている様子を伝えたり、原学級の担任からも頑張りをほめてもらったりなど、多方面からその子を認めていく手立てを打った。その際意識したことは、跳べたという「結果」より、頑張っている「過程」を取り上げたことである。

4 初期感覚づくり

①跳ぶ

　縄跳びの苦手な子の多くは、足裏全体で「どすん、どすん」と着地する。それを修正する。
　まず、教師がいい例と悪い例をやってみせる。このとき、「つま先で跳んでごらん」「"どすん、どすん"でなく"とん、とん"だよ」と伝えるとよい。知的な遅れのある子でも、"とん、

とん"などの擬音なら理解できることが多い。

そして、縄をもたずに跳ぶ。このとき、ビデオを撮る・鏡を見るなどすると、自分の体の状態を把握するのが苦手な発達障害の子でも、自分の動きを客観視しやすい。

②リズム感覚

縄をもたずに「とん、とん」と跳びながら、体が浮くタイミングで手を叩く。

「「トンパッ、トンパッ」だよ」と言って教師が例示したあと、教師が子どもに向かい合い、一緒にリズム打ちをする。慣れてきたら1人でやらせる。

目安として、10回連続でできれば合格である。

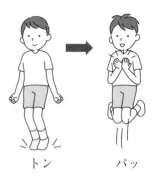

③縄回し

縄を、腕全体で回してしまう子は多い。しかし、手首で回せなければ、上達は厳しい。そこで、縄を片手にまとめてもち、跳ばずに縄を回すだけの練習をする。手首で回す動作を、前回し・後ろ回し・ヘリコプター（頭の上で縄を旋回させる）を左右で行い、手首で回す感覚を身につける。加えて、脇に帽子などをはさんだまま回せるようにすると、脇を締めて回すことができるようになる。

5 基礎感覚づくり

次に、前回しに入る。二重跳びにつなげる上で大切になってくるのは、リズムとスピードだ。一般に、前回しを30秒間で70回跳べると、二重跳びができるようになると言われている。初期感覚づくりでやったことをそのまま組みあわせることができれば、自ずと跳ぶことができる数値である。

その際、脚が力んでひざが伸びたまま跳んでしまう子がいるので、少し曲げるように助言する。難しければ、もう一度「跳ぶ」のみの練習に戻って、動きを修正していく。

6 運動づくり

いよいよ、二重跳びである。前回しから二重跳びに移行する際、リズムが「トンパッ、トンパッ」から「トンパパッ、トンパパッ」（「一跳躍一拍手」から「一跳躍二拍手」）に変化する。まず、そこを限定して練習する。「トンパッ」の練習と同様、教師と向かい合って真似をしたり、鏡を見たりするとよい。これも、10回連続でできれば合格。

縄回しは、「できるだけ速く回してごらん」と指示する。その際、惰性で回してしまって、跳ぶタイミングの振りが弱くなってしまう子がいる。すると、手首を使って素早く回せていても、あと少しでつっかかってしまう。そこで、「床に縄を叩きつけるように回してごらん」と指示し、縄が床につく直前に力を込める練習をする。これで、「跳ぶタイミングで振り切る」感覚を身につけることができる。

次に実際に跳んでみるが、最初のうちはできても1回だけで、2回以上続けるのは難しい。そこで、1度二重跳んだら一重跳び（前回し）に切り替え、二重・一重・一重・一重・二重・一重……というように跳び続け、二重・一重・一重・二重……→二重・一重・二重……と徐々に二重で跳ぶ間隔を狭めていくことで、最終的には連続二重跳びができるようになる。

| 縄跳び運動 | | | | | 【奈良部真由子】 |

| 学年 | 1～6年生 | 所要時間 | 7時間 | 準備物 | 短縄 |

8 【長縄跳び】中に入れない子への指導

●特別支援が必要な状況

1 ねらい（焦点化）

　長縄8の字跳びは、みんなで協力をして記録を出す競技である。8の字跳びは、回数を重ねるたび、工夫をするたびに記録が伸ばしやすい。しかし、回っている縄の中に入れず、特別支援の子どもや苦手な子どもも少なくない。クラス全員が跳べるようになることで、クラス全体の結束力が高まり、いい雰囲気づくりにつながっていく。

2 苦手・つまずきの背景（視覚化）

　長縄の8の字跳びをするには、
①タイミングをあわせて縄に入る。
②縄を跳び越える。
③走り抜ける。

という3つの行動をスムーズに行わなければならない。そのため、不器用さを抱える子や粗大運動を苦手とする子どもで、長縄跳びを苦手とする子が多い。

　この中でも、タイミングをあわせて縄に入ることを苦手とする子どもは少なくない。その理由として、「縄が怖い」「縄に入るタイミングがわからない」ということがほとんどである。

　「縄が怖い」という子どもは、縄に当たると痛いという怖さと、経験の少なさから恐怖感をもつ。また、8の字跳びは、1人でも失敗してしまうとそこまでの記録になってしまう。そのため、複数回同じ子どもが失敗をすると、その子を責めてしまうことも起こることがある。

　クラスの一体感をつくるという視点からも、苦手意識をもつ子の不安感を払拭し、成功体験が積めるようにすることが大切である。

3 解決策（共有化）

①簡単な長縄遊びで、縄に慣れる。
②通り道を覚える。
③実際に跳びながら、入るタイミングを覚える。

　恐怖心を取り除くためには、簡単で楽しい長縄遊びから入る。短縄遊びでやる「いろはに金平糖」のような遊びも、授業で取り扱わないと知らない子どもも多い。縄をくぐるという簡単な遊びをし、「楽しい」「できる」という経験を積み重ねることで自信をつけていく。

　長縄に慣れてきたら、8の字の通り道を覚えていく。

　どのように抜ければ、縄にひっかかりにくいかを、考えること

で、動き方をイメージすることができる。この時点では縄を回さずに動き方だけに限定して練習をする。

最後は、実際に跳びながらリズムを覚えていく。クラス全体で声を出し、リズムと一体感を生む。

4 初期感覚づくり

いろいろな縄を跳び越える簡単な遊びを、複数回行う。

＜長縄遊び＞

①へび…縄を地面につけて細かく横に揺らした縄を跳び越える。
②なみ…縦にゆらした縄を跳び越える。
③遮断機…縄を上げ下げする。上に上がった瞬間に通り抜ける。
④大波小波…♬大波、小波、ぐるっとまわして、とまりましょ♬と歌いながら左右に揺れる縄を跳び越して、「とまりましょ」で両足をまたいで止める。

5 基礎感覚づくり

縄に慣れたら、8の字跳びの通り道を覚える。

はじめは縄を回さず、床に置いたまま通り道を確認する。

縄の回し手とカラーコーンの間を通り抜ける（右図）。

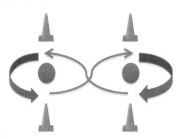

回し手の近くを通り抜けることで、8の字が小さくなり、走る距離が短くなる。

次に8の字跳びで、縄に引っかかりにくい跳び方を覚える。

①両手の握りこぶしを胸に当てる。
②前足のひざを胸につけるようにして跳ぶ。
③縄を跳び越えたら、すぐに次の足を出す。

6 運動づくり

縄に入るタイミングは、回っている縄が地面に着いたときである。

前の子が跳んだと同時に中に入る。苦手な子にとって、そのタイミングがなかなかつかめない。縄が床につくタイミングで、「はい！ はい！」と声を出す。全員で声を出すことによって「同調」の効果も生まれる。「はい」のときにスタートをする。

それでも1人ではなかなか入れない子には、背中を押してあげる。押す力をだんだん弱くしていく。

また、明るい雰囲気をつくるため、指導は先生がして、みんなは励まし合うことを子どもたちに語る。また、「ドンマイ！」と友達に声をかけられた子をほめる。

クラス全体で励ましの声を掛け合うことで、新たな記録が生まれることで、クラスの一体感も一層強まる。

縄跳び運動					【信藤明秀】
学年	1～2年生	所要時間	6時間	準備物	縄　コーン　段ボール

9 【長縄跳び】動きと動きを連結して行うことが難しい

●特別支援が必要な状況

1 ねらい（焦点化）

　特別支援を要する子の中には、回旋している縄の中に入り、跳び、縄から出ていくという動きがスムーズにできにくい子がいる。それぞれの動きの難しさに加え、動きと動きを順に連結して行うことが難しいのである。本稿では、特別支援を要する子も成功体験を積み重ねながら運動を楽しむことができる長縄跳びの実践を紹介する。

2 苦手・つまずきの背景（視覚化）

　長縄跳びを、以下の5つの局面に分ける。

走る（縄に入る）	踏み切る	跳ぶ（空中）	着地する	走る（抜ける）

　特別支援の必要な子が長縄を跳べない原因を探るポイントはいくつか考えられる。

①跳ぶ位置…どの位置で踏み切るかということ
②跳ぶタイミング…どのタイミングで踏み切るかということ
③跳ぶ方向…どの方向に踏み切るかということ
④跳ぶ高さ…どのくらいの高さで跳ぶかということ
⑤跳び方…どのような姿勢で跳ぶかということ

　また、こうした動きをスムーズにつなげられないことも多い。

3 解決策（共有化）

①**動きを「見える化」する。**

　例えば、踏み切るという動きができにくい子がいる。踏み切る位置と着地位置にケンステップを置き、「見える化」する。そして、「こちらからあちらに跳びなさい」と指示を出す。

　次に、「ケンステップの中は同じ足を着きなさい」と指示を出す。

　長縄跳びの大切な要素の1つ、片足跳びの基本がこれでできる。

②**手を取って一緒に走り、動きを連結させ、全体の動きを体感させる。**

　特別支援の必要な子には全体の動きを体感させることも重要だ。

　走っている状態から片足で踏み切り、踏み切り足で着地し、走りにつなげるという動きだ。

跳び箱の開脚跳びの指導などと同様、できにくい子には、一緒に手を取って走り、踏み切るところまでだけをやる。そして、徐々に次の動きを連結させて、全体像を体感させる。

「タタタ…、トン」と、走りから踏み切りまでの動きに音声を重ねながらやることも有効だ。

4 遊びの中での感覚づくり

「高く跳びなさい」という指示では、特別支援の必要な子には伝わりにくいことがある。

そこで、小さな段ボールを跳び越える遊びがおすすめだ。子どもたちの発達段階にあわせ、段ボールの大きさを変える。Ｂ５のノートが数冊入るくらいの箱から始め、大きさを変えつつ楽しく遊ぶ。

<方法>
①段ボールを置く（成功体験の続く、適した大きさ）。
②段ボールに向かって走る。
③跳んで着地する。
④走って抜ける（自然と動きが連結される）。

5 縄のない状態で動きを連結させる

長縄が足元を通過する時間の長さや地面から跳ね返る縄の動きを考えに入れると、ジャンプでは一定の高さを確保する必要がある。また、次の子がすぐ縄に入れるように、前に跳ぶことも重要だ。回旋する縄にあわせてそうした動きをすることは、特別支援の必要な子にとって難しい場合が多い。そこで、まずは縄のない状態で、動きを連結させていく。

<方法>
①「縄への入口と縄からの出口を守る」「走って踏み切る」「片足で跳ぶ」「跳んだ後の3歩を走る」など、スモールステップで動きを連結させる。
②「合格」「不合格」や、点数などの評定を入れる。

6 回旋にあわせた運動づくり

先の動きを、長縄の回旋にあわせてできるようにしていく。

<方法>
①回旋する縄に入る。
②回旋する縄に入り、跳ぶ。
③回旋する縄に入り、跳び、抜ける。
④「片足で跳ぶ」「前に跳ぶ」「ハイ、ハイ、……」の声（縄の回旋のテンポで声を出す）にあわせて跳ぶなど、段ボール遊びで行ったことを、回旋する縄の中で再現する。

※「跳べた」という成功体験を子どもたちに味わわせるために、教師が回し手の片方を担当し、回すスピードを微調整することも必要である。短縄跳びの苦手な子も、適切な練習をすれば、かなり早い回旋速度の長縄を跳ぶことができる。

長縄跳びは、特別支援の必要な子も、たくさんの仲間とともに達成感を味わうことのできる運動である。

縄跳び運動

【湯泉恵美子】

| 学年 | 1～6年生 | 所要時間 | 毎時間10分 | 準備物 | 短縄 |

10 【縄跳び】
縄跳び運動の便利グッズ

●特別支援が必要な状況

1 ねらい（焦点化）

体を上手に動かせない児童にとって、縄をリズムよく回しながらタイミングよく跳ねる動きを繰り返す「縄跳び運動」は、とても難しい運動である。しかし、支援グッズを工夫し、効果的に使うことで、縄跳びを跳べるようにさせてやることが可能である。より多くの支援グッズを知り、支援の必要な子どもに的確に使わせてやりたい。

2 支援に使える便利グッズ（視覚化・共有化）

①スーパーとびなわ　［問い合わせ東京教育技術研究所　電話0120-00-6564］

このとびなわを使っただけで、かなりの子が跳べるようになる。是非、使わせてやりたい優れグッズ。

特徴1．柄の長い木製グリップで、握りやすく縄を回しやすい。

特徴2．中がつまったビニールロープで、ある程度の重さがあるので回転しやすい。教師が予備を数本用意しておき、子どもたちに貸してあげることで、その跳びやすさがすぐわかる。予備の縄をすぐ貸せるように教室にかけておくとよい。

②フープとびなわ　フラフープを1か所切り、そこへビニールテープを何重かに巻いて持ち手をつくったもの。縄がうまく回せず、くねくねしてしまう子に有効。「クルッ　トン」と声をかけてジャンプさせる。フープとびなわが足の下をくぐる感覚を味わわせることができ、跳べることにつながっていく（高畑庄蔵『フープとびなわでなわとびは誰でも跳ばせられる』）。

③筒の使用　B5の画用紙（広告の紙でもOK）を丸めて、セロテープで止め、なわとびロープに通す。縄が十分な広さに開かず、足の下をうまくくぐらない子に有効。跳べるようになるわけ：縄が画用紙の重さで勢いよく回る。画用紙の幅だけいつも縄が広がっている（なわとび指導「きほんのき」根津盛吾氏HP、新牧賢三郎氏論文『日本教育技術方法大系』）。

④スーパーとびなわ長さ調節グッズなど　１人ひとりの身長、跳ぶ技に応じて長さ調節をしてあげるための道具。かごなどにひとまとめに入れておき、体育の授業にサッと持ち出せるようにしておく。ペンチ・はとめ・ワッシャー・柄・筒など。特に初めて購入したとき、そのまま家に持って帰らせると、保護者がロープを切るのを躊躇し、柄の中に押し込んでしまうことがある。正しく調整してやることで、とびなわ威力が発揮される。

⑤長柄くん（木）［宍戸威之氏論文『楽しい体育の授業』2014.9月号参照］

持ち手をさらに長くし、楽に回転ができるようにしたもの。丸棒の先を細くし跳び縄にはめ込むように加工。手首での返しを促し、特に交差跳び・あや跳びで効果を発揮する。宍戸氏の論文でもその効果の大きさが報告されている。

前跳びが跳べず、大きく肩で回していた児童が、これを使うことで、肘（手首）で回せるようになった。

⑥長柄くん（新聞紙）　木ではなく、新聞紙で同様に持ち手をさらに長くしたもの。これでも同様の効果が得られる。木での作成が難しい場合は、お手軽に新聞紙を柄の部分につなげるように巻き、セロテープ（ガムテープ）で止める。跳ぶ部分が広く開く。

⑦あや跳び８の字視覚化　画用紙に「右手用・左手用・両手用」の８の字を書き、これを見ながら手（腕）の動きを練習させ

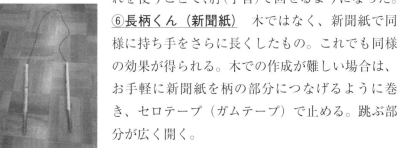

る。視覚に訴えることで動かし方の理解ができ、手がスムーズに動くようになる。最初は縄をもたないで。次には、柄だけもって。その次に、縄を片手にまとめてもって片手ずつの練習。最後は両手で。簡単な図だが、効果は大きい。

⑧二重跳び用ジャンピングボード　二重跳びに効果絶大なのが、ジャンピングボードだ。市販

のものは価格が高いので、3000円ほどで手づくりできる方法がネットで検索できる。また、右のように跳び箱のロイター板にマットをかぶせる方法もお手軽にでき、効果が上がる。安全面を考え、ビニールテープで跳ぶ位置に印をつけるとよい。

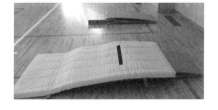

12章　「縄跳び運動」苦手徴候と克服する指導ポイント　157

13章 ソーシャルスキルの指導

【太田健二】

1 勝敗へのこだわりが強い子にどう対応するか

1 ねらい（焦点化）

　ボールゲームなど、勝敗のあるゲームで負けると機嫌が悪くなり、感情を抑えられなくなる子がいる。順位がつくものでは１位になりたがり、ゲームなどでは勝たないと気が済まない子である。怒って当たり散らしたり、失敗した子を責めたりする。このようなときは柔軟な対応をする必要があり、勝敗とは別の価値観があることも理解させなければならない。

2 苦手・つまずきの背景（視覚化）

　「１位」「勝ち」「100点」「合格」などへの強いこだわりがあり、「１位になれないこともある」「勝てないこともある」「100点が取れないこともある」「不合格になることもある」というように、考え方を切り替えることが苦手な子がいる。このような強いこだわりは、発達障害の特性が原因となっている場合もある。

　原因の１つは、想像力の弱さである。「１位になりたい」「勝ちたい」と思い込むと、予想外の展開が容易に受け入れられなくなる。いろいろな可能性があることを、あらかじめ伝えておくことが大切である。

　もう１つは、勝ったり負けたりする経験が不足していることである。経験が少ないため、対処方法がわからないということが考えられる。

3 解決策（共有化）

(1) トラブルを予測して、先手を打っておく

　ゲームを始める前に「負けたら怒りますか」と聞いておく。子どもたちは「怒りません」と答えるであろう。自分で負けても怒らないと言ったのだから、これが約束となる。

　また、ラインを出たか出ないか、アウトかセーフかなどが微妙なときは、「やり直しをする」「じゃんけんで決める」など、方法をあらかじめ伝えておくようにする。

(2) あらかじめ勝ったときと負けたときの態度を決めておく

　「勝ったチームはバンザイをします」「負けたチームは拍手をします」などと勝敗時の態度を事前に示しておく。ゲームの前に練習をしておくとよい。

　また、ゲームが終わった後、すぐに「では、次のゲームをします」などと気持ちの切り替えを促すようにする。勝敗をいつまでも引きずらないように、テンポよく授業を進めていく。

(3) 勝敗の場面を多く経験させる

　あえてフラストレーション場面をつくってトレーニングさせていくことで、予想通りにならないことへの耐性がついていく。体育の時間以外にも、じゃんけんで物事を決める場面を多く取り入れたり、五色百人一首、ペーパーチャレランなどをしたりして、負けることもあることを理解させていく。

【太田健二】

2 暴言を言う子にどう対応するか

1 ねらい（焦点化）

グループで活動する運動の際に、上手にできる子ができない子に対して暴言を言うことがある。指示や命令、非難・不平・不満といった暴言は、発言ばかりでなく、態度でもあらわす場合が多い。

このような子がいると、学習の雰囲気が悪くなる。親和的な雰囲気が失われ、強い言い方をされた子は焦ってしまったり委縮してしまったりして思うように動けなくなってしまう。

2 苦手・つまずきの背景（視覚化）

できる子から見ると、「真面目にやっていない」「わざと長縄に引っ掛かっている」というように思えてしまう場合があり、暴言につながっていることがある。できない子の気持ちが理解できないのである。

また、発達障害などにより、衝動性を抑えるはたらきが未発達であるということもある。思い通りにならなかったという理由で、すぐにカッとなり、暴言を吐いてしまう。

3 解決策（共有化）

(1) 運動のポイントに沿って声掛けさせる

運動のポイントに沿って、具体的に声掛けをするようにしていく。

例えば、シンクロ側方倒立回転で、動きをそろえるポイントを子どもたちに考えさせていくと、「みんなで気持ちをあわせる」などの答えが返ってくることが多い。「どうやって気持ちをあわせるか」とさらに問い、「グループ全員でリズム言葉を言う」という具体的な方法を導き出す。「ト・トーン・トン・トン」と、グループ全員の声がそろえば、タイミングもあってくる。

(2) 互いの思いを理解させる

応援している子の中には、「頑張れ！」しか言えない子がいる。親和的な発言ではあるが、できない子にとっては、これでは何を頑張ればいいのかがわからない。一方、声掛けしている側から見れば、「応援しているのに、なぜできないんだ」という思いから、「何をやっているんだ！」などのネガティブな言葉へとつながっていく。

「頑張れ！」では何を頑張ればいいのかがわからないことを伝え、強い語気によって仲間が委縮してしまい、余計にできなくなることに気づかせる。そして、自分のチームにとって、よりプラスに働く言葉掛けを考えさせる。チームの仲間に具体的なアドバイスをする「コーチ」になるようにする。

例えば、ベースボール型ゲームならば、「最後までボールを見て打って」とアドバイスする姿が見られるようになる。長縄跳びならば、縄に入るタイミングを「ハイ！」と言って教えるようになる。

【野田晴高】

3 負けを受け入れない

1 ねらい（焦点化）

　特別支援を必要とする子どもには、勝ちや1位にこだわり、負けを受け入れられずに暴言を吐いたり、パニックになったりする子どもがいる。雰囲気が悪くなり、対応に追われ、授業が進まなくなる。対応の特効薬はない。しかし、教師の側が「決してあきらめない」視点をもつことで、環境を整え、次第に負けを受け入れるようになっていく。

2 苦手・つまずきの背景（視覚化）

　ゲームには、必ず勝敗がある。勝敗があるから面白い。年度当初に「教示」（口頭や目に見える形で教える）し、常に原点に立ち返らせ、理解させる。

　負けを受け入れられない状況としては、過去の集団生活や学校生

活において適切な学習習慣が形成されずに来てしまった弊害が考えられる。また、不適応行動がそのまま放置されてきた。

3 解決策（共有化）

(1) キーワードは、「教えて・ほめる！」……その子の思いに寄り添う（声掛け）。

　女子生徒であっても、悔しくて暴言と取られる言葉を吐き出すことがあった。「チクショー」「くそっ」など。こんなときは、「勝負は時の運」って考えるといいよと伝え続けた。「口に出しても、心の中で言ってもいいよ」次第に汚い言葉は言わなくなった。「すっごいね。自分で解決できるようになった。エライ！」とほめることができた。例えばフロアホッケーの試合。負けて道具を床に投げつけることがあった。周囲から離れ、自らクールダウンする姿が見えた。しばらくして、声掛けのタイミングを見計らい、後ろからそっと近づき、私はこう言った「勝負は……」彼女はすかさず「時の運！」と返してきた。「よっしゃ！」切り替えができていた。

(2) 主導権は教師……変化のある繰り返しで楽しい体育を目指すため、ゲームの途中で作戦タイムを設定。上記の女子生徒は周囲を引っ張り、影響力があった。つまり、体育への意欲は大変高い。負のパワーを正のパワーに転換するため、ほめる場を意図的に設定し、こちらの手の内で活動させるようにした。想定通り、勝ったり負けたり。その際、望ましい行動をしたり、しようとしたりしたら、すかさずほめた※。その後、ゲームが白熱したことは言うまでもない。
※ ABA＝応用行動分析（子どもの行動を、環境と相互作用の視点で考えていく理論。望ましい行動を増やしていく手法）。

【野田晴高】

4 ルールが守れない

1 ねらい（焦点化）

集団活動では、ルールを守ることが大前提だ。発達障害がある子どもたちに、頭ごなしに「ダメ」「ルールを守りなさい」と言っても聞くことはない。ストレスのない「動ける」指示・発問を意図して行うには、教師の側にさまざまな対応の引き出しが必要だ。

2 苦手・つまずきの背景（視覚化）

耳からの情報や、文字情報が入りにくい生徒（ディスレクシア）がいる。一目で見てわかる絵や図などを示す（視覚化）と効果的である。細分化し、1つのルールに1つの説明とする。
〈フライングディスクの投げ方の例〉バックハンドパス

へりに人差し指を伸ばしてもつ。	体は投げる方向に対して横。	手首を十分に曲げ、巻き込むように引く。	投げるとき、腕を飛ばす方向に水平に握る。	コツは手首。トランプをビシッと飛ばすイメージ。

3 解決策（共有化）

伝えたい内容を端的に示す、それを繰り返す。そしてほめる！
……その子にとって情報が入りやすい入力回路（視覚・聴覚等）を知っておく。

絵や図で示し、一瞬でわかるように工夫する。

投げたディスクが、ゴールに何回入るのかを競うゲーム。	ゴールに入ったら3点。ゴールに当たったら2点。	「よし」「すごい」「できた」「素晴らしい」「頑張ったね」「次もできるよ」		
ルールを教える。	提示方法に問題はない？	頑張りをほめる（ABA）。	もっと楽しくなる。	繰り返す！

一度で守れるなら苦労はない。しかし指導者側になんとしてでも「時間は掛かってもルールを守らせたい」という気概があるかどうかも問われる。

ポイント①タイミングが重要：気持ちや表情が落ち着いているときに、こちらを見たら、その瞬間にルールを提示する。

ポイント②繰り返し（声掛け。または、指差しで確認）。

ポイント③指示通りにできたり、やろうとしたらすかさずほめる。

（今、話しかけても大丈夫？／できたね／これがルールだよ）

ルールが守れないのは、わがままや言うことを聞けないという表面的な問題だけではない。

【石川圭史】

5 順番を守れない

1 ねらい（焦点化）

「順番を守る」とはどういうことか、何をすればいいのか、具体的に示す必要がある。支援を必要とする子どもたちの実態にあわせた場の設定や視覚的にわかる工夫が必要である。

2 苦手・つまずきの背景（視覚化）

体育では、順番に活動する場面が多くある。跳び箱、マット運動、徒競走などがよい例だ。そのとき、順番を待てずにウロウロしたり、ちょっかいを出したりする子どもたちを注意していないだろうか。

その行動には理由がある。

①どこに並んだらいいかわからない。

②待ち方がわからない（もしくは待つことが苦手）。

支援を必要とする子どもたちは、何をしていいかわからず不安になったり、思わず動いてしまったりすることがある。そこで、支援を必要とする子どもたちに対し、実態にあわせた場の設定が重要になる。

3 解決策（共有化）

①**視覚的に待つ場所を示す。**

椅子やフープを置き、座って待つ場所を示す（椅子に座れば比較的落ち着きやすい）。

足型を書いた紙を等間隔に置き、並ぶ立ち位置を示す。

②**待っている間に次の活動の準備をする。**

活動の動きを練習して待たせる。動きのポイントを書いた紙を用意し、読ませておく。

③**次の場所を示す。**

活動の場所を番号で表示する。

見通しがもてるよう、手順表（もしくは活動予定表）をもたせる。

④**グループで移動する。**

一緒に行動するグループをつくることで、安心して待つことができる。

⑤**できたことをほめる。**

順番を待てたこと、並んで待てたことを取り上げ、ほめる。ほめることでその行動を強化する。

体育の活動は、順番を待っていられない、待ち方がわからない子どもたちにソーシャルスキルを教える絶好の機会となる。

＜参考文献＞

阿部利彦監修『気になる子の体育』（学研）

【石川圭史】

6 何をしていいのかわからない子

1 ねらい（焦点化）

　体育では、たくさんの動きを一度に要求される場面が多い。ワーキングメモリの少ない子どもたちには、活動を限定して指導することが必要である。動き方を教え、ペアで動きを確認し、安心して取り組めるようにすれば、自信がもて、自己有用感も高まる。

2 問題点（視覚化）

　体育では一斉に動く活動が多い。そのとき、活動や動きのイメージがつかめていないと何をしていいのかわからない。特にボールゲームでは、混乱を招きやすい。ゲームは楽しいので、みんなやりたがるが、それだけでは何をしていいのかわからない子が出てくる。ゲームを楽しむためには、動きを教えることが大切である。

3 解決策（共有化）

①基本的な動きを取り出して指導する。

　　身体の使い方が不器用な子は苦手意識がある。事前に、ボールを投げる、蹴るなどの身体の動きを教えることで、自信をもって参加できるようになる。

②活動の中にペアやグループの活動を取り入れる。

　　動きの見本となる友達の存在をつくる。ペアの子やグループの仲間と動きを確認する。

　　困ったときに教え合える関係をつくっておくことで、安心して活動に取り組める。

③1時間の授業の中で、次のような限定した場面を設定し、練習をする。

　①体感させながら動きのみを教える（基本技術の習得）。

　　ドリブル、シュート、パスを変化のある繰り返しやゲーム化して行う。

　②基本技術を動きの中で活かす練習（タスクゲームなど）。

　　2対1での攻撃練習（パス・シュート中心）をする。

　③少人数でのミニゲーム。

　　基礎技術の応用とさらなる習熟やルールの獲得を目的に行う。

　④パターン練習。

　　攻撃や守備に限定し、グループで動きを確認して練習する。

　⑤ゲーム。

　　①～④でやってきたことを試し、フィードバックする。できたことをほめることで自信がもて、自己有用感が高まる。

＜参考文献＞

阿部利彦監修『気になる子の体育』（学研）

上野一彦監修『特別支援教育をサポートする図解よくわかるソーシャルスキルトレーニング（SST）実例集』（ナツメ社）

14章 体育授業に生かす感覚統合チェックリスト

【桑原和彦】

1 体育授業に生かす「動き」チェックリスト一覧

●特別支援が必要な状況

1 めあて（焦点化）

　日常生活や体育の時間でぎこちない動きをする特別支援を必要とする子どもがいる。そのような子どもには、遊び感覚で取り組むことが、動きを高めていくことにつながる。体育授業の導入や休み時間などに、運動遊びと捉えて取り組むようにする。

2 苦手・つまずきの背景（視覚化）

　運動の苦手な子どもに、完璧に動きを高めようと教師が意気込みをもちすぎると、過度な指示になってしまう。教師と子ども、あるいは子ども同士が一緒に遊びながら、獲得していく。ただし、以下の動きを行えば、ぎこちない動きが改善されるということではない。そのレベルを求めるならば、きちんとした医療にかかわる必要があることを取り間違えないでほしい。さらに、これらの動きは、長い時間やらせるものではない。5分、10分の短い時間で行う。一朝一夕では身につかないので、体に貯金していくというスタンスで取り組むことをおすすめする。

2 チェックリスト一覧

	動き	どんな子に向く？	期待される効果
1	〈タッチングクイズ〉 背中に線を書いてクイズをする	帽子や手袋が苦手 人の話を集中して聞けない ドアや壁によくぶつかる	自分の手足や体の実感が育つため、動作イメージがつかめるようなり、全体的に動きが器用になる。
2	〈手形遊び〉 紙に手を置き、鉛筆などでなぞって手形をつくる	箸がうまく使えない 手元を見ないで作業する 人の話に集中できない	手の動かし方がわかり器用さがアップして自信をもって作業できるようになる。
3	〈手探り遊び〉 袋の中に手を入れ、中にあるものを言い当てる アレンジ：目隠しクイズ	箸がうまく使えない ボタンの留め外しが苦手 のりや粘土、砂が苦手	手先でものをさわり分けること、緻密な作業をすることが上手になっていく。
4	〈コイン遊び〉 3本の指でコインをつまみ貯金箱に入れる アレンジ：ペン回し遊び	箸を使うのが苦手 ボタンの留め外しが苦手 書き文字がマスをはみ出す	手や指の動かし方が身につく。
5	〈ストレッチ遊び〉 関節がどこまで動かせるか、体験する アレンジ：ゆっくり体操	運動全般がぎこちない 飲み物を注ぐのが苦手 物の扱い方が乱暴	特に力加減の点で、効果が出やすい。

6	〈しがみつき遊び〉 子どもが自力で抱っこの姿勢をキープする（コアラの真似）	動作模倣が苦手 体をよく家具にぶつける 鉄棒や跳び箱が上達しない	ボディーイメージが発達するため、体操や表現運動で動きを真似することができるようになる。
7	〈ゆらゆら遊び〉 ブランコを使って、小さなゆれを経験する アレンジ：ダイエット器具	姿勢が崩れやすい いつも落ち着きがない プールに浮くのが怖い	ゆれへの恐怖が少しずつやわらいでいく。姿勢の維持・調節もしやすくなる。
8	〈数当てクイズ〉 ブランコなどに乗りながら一瞬見えた数を当てる アレンジ：すべり台	ボールを取るのが下手 教科書を読むのが遅い 板書をうつすのが苦手	視点を動かすのが上手になる。キャッチボールや部屋の片付け等も上手になる。
9	〈グルグル遊び〉 回転するイスや公園の遊具でグルグル回る アレンジ：公園や遊園地	姿勢が崩れやすい トランポリンが怖い 板書をうつすのが苦手	体の中心軸が整うこと、目の動かし方もよくなる。
10	〈ジャンプ遊び〉 相手が手を貸して、トランポリンで大ジャンプ	姿勢が崩れやすい まっすぐに立てない でんぐり返しが苦手	姿勢の崩れを改善する。感覚刺激がよく入るため自己刺激行動が抑制される。
11	〈すべり遊び〉 滑り台で、さまざまな姿勢で滑ってみる アレンジ：芝そり遊び	水に浮くのを怖がる 姿勢が崩れやすい 板書をうつすことが苦手	プールで水に浮くときなどのゆれや不慣れな姿勢などを怖がる姿勢不安がやわらいでいく。
12	〈アスレチック遊び〉 またぐ、くぐる、よじのぼるなどの動きを体験する アレンジ：ジャングルジム	家具によくぶつかる 動作模倣が苦手 片付けるのが下手	体の動かし方がなめらかになり、ぶつかることや転ぶことが減る。
13	〈ツイスターゲーム〉 ふだんしたことのないポーズをして遊ぶ アレンジ：太極拳	姿勢が崩れやすい 運動全般が苦手 ぶつかる・転ぶが多い	体の動きが全体的に柔軟になる、幅広くなる。バランスを取る力がアップ。
14	〈音遊び〉 スピーカーなどを使って音が怖くないことを体感する アレンジ：風船遊び	運動会のピストルが苦手 特定の物音を怖がる 臆病で、すぐに身構える	聴覚防衛反応が改善されることで、音の聞き分けができるようになり、集中力が上がる。

＜引用文献＞木村順『発達障害の子の感覚遊び・運動遊び』（講談社）

【桑原和彦】

2 体の動きが育っていない子にどんなことを行うか

●特別支援が必要な状況

1 めあて（焦点化）

特別支援の中には、体の動きが育っていない子どもがいる。運動能力は走力、跳躍力、投球力、持久力などの身体的能力であり、脳神経とその伝達機能が運動神経である。しかし、幼い頃からさまざまな運動体験をしていないと、運動神経は育たない。結果として運動能力も発達しない。幼い頃から、体の動きをよくしていくことが必要である。

2 苦手・つまずきの背景（視覚化）

教師は、子どもをできるようにしたいと望むものだ。その思いに引きずられて、教えなくてはいけないという思いが強まることがある。例えば、走る運動。フォームについて、このように走る、足をこう動かす、手の握り方は、のように、できるようにさせたいから指導を繰り返す。しかし、子どもの技能が伴わずに向上が見られない。「言ったでしょう！」と繰り返して指導をしてしまう。これが悪循環の指導である。

体の動きが育っていないことが1つの要因と考えられる。このような場合、できるできないにかかわらず、数多くの運動をさせることが必要である。たくさんの経験を通して、取得していく動きがある。その意識をもっていれば、体育授業の組み立ても変わってくるはずである。

ここで、運動神経について一考する。運動神経とは、筋肉の動きを指令するために信号を伝える神経の総称。脳から脊髄神経、中枢から末梢に向かうもので、遠心性神経という名称でも呼ばれる。運動の際に同時的に起こる多数の骨格筋の収縮は、小脳や脳幹での統合的な働きの結果、起こされている。そして、運動能力とは、走力、跳躍力、投球力、持久力など身体的能力のこと。つまり、脳神経とその伝達機能が運動神経であり誰にでもある。かたや筋力や持久力が身体能力である。よってスポーツの得意な人は「身体能力が高い」と言うべきで、「運動神経が高い」や「運動神経があるな」という使い方は変なのである。

さて、深代千之氏（東京大学大学院教授・教育学博士）は、次のように言っている。『運動能力を鍛える・発達させるためには筋力と身体の使い方の両方を鍛えることが必要である。身体の使い方・器用さを鍛えると脳の中大脳、前頭葉が発達して脳神経パターンがつくられる。練習を続けていくと、その神経パターンが小脳に蓄えられる。そのパターンがいっぱいあると巧みだ器用だとなる。運動と脳とは別々に考えられる場合が多いかもしれないが全く一緒である。運動能力の「能」は、脳みその「脳」と言う人もいる。身体の使い方・器用さを鍛えると脳神経も鍛えることができる。つまり運動能力を発達させることは、脳神経の働きを活性化させること

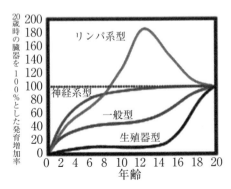

と同じである』

　脳神経の発達には体が大きくなるのと同じように成長期があり、幼児期から小学校低学年の頃までと言われている。しかし脳神経は、5、6歳までには大人と同じ約90％まで発達する。ということは、幼い頃からさまざまな運動体験をさせ、運動オンチにならないためには幼少期に運動能力を発達させることが大事と言える。運動能力は遊び中や運動ワーク（動きを意図した内容）で鍛えられる。

3 解決策（共有化）

〈バランスチェック〉　身体がゆがんでバランスがずれていると身体を上手に使うことができない。せっかくもっている運動能力が発揮できない。そのために、まずは、バランスチェックをして、メタ認知する。
①指先合わせ→頭の上で手のひらをあわせる。あわせた手のひらがずれていたら、身体のバランスがずれている証拠。
②体重計でチェック→2台の体重計に片方ずつ足を乗せ、どちらかの体重計が重くなっていたら左右のバランスがどちらかにずれている証拠。
③目つむりまっすぐ歩き→直線の上を目をつむり腕を振らずに歩く。横に曲がったり、まっすぐ歩くことができなかったら身体のバランスが悪いという証拠。同じ方向にばかり行ってしまうようなら、そちらにバランスがずれている。

〈脳神経を鍛える・身体のバランスを整えるワーク〉　「走る」動作に効果的なワーク。
①お尻歩き→骨盤をしっかりと動かしていくことで、股関節の上手な使い方をマスターできる。
②背面ワニ→背骨のバランスを整える。
③脚ぐるぐる→股関節の位置と働きを知り、股関節を大きく動かせるようになる。
④足指歩き・足指遊び→足でしっかりと地面をつかみ、地面を押す感覚を養う。足の指を付け根から動かせるように練習し蹴る力の向上を狙う。
⑤腕振り→腕をしっかりと振り、体幹がねじれる感覚を身につける。身体がねじれるようになると腰が少しずつ回転するようになる。
⑥大また歩き→股関節を大きく動かし、ひざを前に繰り出せるようになる。
⑦人間ドリブル→足で地面を押す感覚。しっかりと地面を押す感覚・地面から押し戻される感覚を身につける。足の親指の付け根で地面を捉える。
⑧マルチスキップ→股関節が動いてない、まっすぐに踏み出せないという状態を直す。
⑨入れ替えケンパ→リズム感を養うワーク。脚を上手に抱え込む感覚も体得できる。
⑩変形ダッシュ→身体の敏捷性を向上させる。スタートの体勢を、うつぶせ・仰向け・座った姿勢など変化させる。スタートダッシュの向上。

　以上の運動を、小学2年生に、体育の時間に15分ずつ5回取り組んだ。子どもたちのフォームがよくなり、7割の子どものタイムがアップした。短く繰り返し行うことで運動経験を増やす。脳の神経パターンに身体の上手な使い方を覚えさせる。これが運動能力を高め、体を育てることにつながる。具体的な指導内容を数多く発見し、実践を積んでいくことが重要である。

あとがき

　埼玉県ふじみ野市にある「なかよし保育園」を参観した。見学の内容は、次のようである。
①２歳児以上の体育ローテーション
②０～１歳児の体育ローテーション
③１歳児の日課活動
④２歳児以上の柔軟体操・呼吸法
⑤年長児の日課活動

　なかよし保育園に行くと、すぐに３階の屋上に案内された。なかよし保育園には運動場がない。そのために、教室１部屋くらいの屋上が運動場になっている。

　屋上に行くと、２歳児以上の体育ローテーションがすでに始まっていた。全員でギャロップ、スキップをしていた。そのあと、器具・用具を使っての運動である。年齢ごとに分かれて次々に移動していく。

　その中で驚愕したのは、５歳児の頭跳ね跳びである。安全のため、教師がそばにいて補助をしていた。しかし、ほとんどは補助なしでもきれいな頭跳ね跳びをしていた。

　なかよし保育園は普段の体育ローテーションである。その中で、横の跳び箱、縦の跳び箱の開脚跳びのあと、次々に７段・縦の跳び箱で頭跳ね跳びを軽々と行っていた。

　小学生よりも軽々と跳んでいる。体が反っていて美しかった。保育園の体育ローテーションでここまでできることにショックを受けた。

５歳児の頭跳ね跳びができる秘密

　どうして、頭跳ね跳びができるのだろうかと疑問に思った。２歳児以上の体育ローテーションを見学したあと、０～１歳児の体育ローテーションを参観した。その様子を見て、５歳児が頭跳ね跳びができる秘密がわかった。

　なかよし保育園では、０歳児から感覚統合スキルによる個別指導が行われていたのである。

　体育ローテーションの内容は、初期感覚づくりである。触覚、固有感覚、前庭感覚などの初期感覚を統合する動きで構成されていた。

　０～１歳児から頭跳ね跳びにつながる運動を行っているのである。０～１歳児の教室は別の建物の２階にあった。教室１部屋くらいの広さである。

　最初に教師のピアノに合わせて、走る、跳ぶ、動物遊びが連続して行われた。いろいろな動物になって動くのである。ピアノのリズムに合わせて、かかとで歩く、つま先で歩く。クマ歩き、ジャンプ、はらばい、ウサギ、ハイハイの動きが楽しく行われた。

　子どもは教師の軽快なピアノの音に、体が自然に反応していく。頭で動くのではなく、体が無意識に動くのである。どの子どもも楽しそうである。ピアノで指導された教師に聞くと、10曲くらい弾いたと言われた。運動量が多く、子どもの体力がつく。

　いよいよ、体育ローテーションが始まった。頭跳ね跳びの秘密がここにあった。次の内容である。

1　1枚の長いマットを半分にする。残りの半分を丸めてロールマットにする。（後述）
2　ミニハードル3個　ミニハードルの間を歩く、跳ぶ
3　鉄棒　ぶら下がる
4　ビニルホースでつくった輪6個　輪を跳ぶ
5　長いカラーマット1枚　ハイハイ
6　高さのある安全マット2個　ハイハイ、歩く

　頭跳ね跳びに必要な初期感覚、基礎感覚、基礎技能づくりが先ほどのリズム遊び、ローテーションで自然に身につくようにシステム化されていた。それは0～1歳児の体育ローテーションだけでなく、2歳児以上の体育ローテーションにも行われていた。

　頭跳ね跳びに必要な初期感覚とは何か。
①触覚…他者との接触、道具の操作、気配を察して行動することなどの元となる感覚
②固有感覚…筋肉の張り具合や関節の角度を調整し、動きや加減の調整をする感覚
③前庭感覚（平衡感覚）…バランスの保持や、姿勢の傾き、回転や胴の加速度などを感じる感覚

　頭跳ね跳びに必要な基礎感覚とは何か。
①体幹の締め感覚…体幹や四肢に力を入れる感覚
②逆さ感覚…逆さになる感覚
③振動・回転感覚…体を振ったり、回ったりする感覚
④腕支持感覚…肩や腕で体重を支える感覚

　逆さになって、腕で支える感覚が必要である。高い跳び箱でバランスをとり、回転する感覚が必要である。鉄棒でのぶら下がり、ハイハイ、高い安全マットの上を歩く。

　以上の0歳児からの感覚統合スキルによる個別指導によって、5歳児でも頭跳ね跳びができるのである。これは、特別支援の必要な子どもの体育指導に活用できる。

　ある運動に必要な初期感覚、基礎感覚、基礎技能づくりをしていけば、誰でも運動ができるようになる。跳び箱の跳べない子どもがいたら、ピアノのリズムに合わせて、かかとで歩く、つま先で歩く。クマ歩き、ジャンプ、はらばい、ウサギ、ハイハイなどの動きづくりをする。

　できない子どもがいたら、どの感覚づくりをすればいいのかが、本書には書かれている。特別支援の必要な背景に基づいた指導法が示されている。活用していただければ幸いである。

　本書をまとめるにあたり、小野隆行氏には構成、内容と多大のご協力をいただきました。厚くお礼申し上げます。また、学芸みらい社の樋口雅子氏には企画、構成、内容と、懇切丁寧なご指導をいただき、深く感謝申し上げます。

平成29年10月20日

根本　正雄

執筆者一覧

小野　隆行	岡山県岡山市立西小学校
佐藤　泰之	東京都目黒区立中根小学校
塩苅　有紀	富山県富山市立大久保小学校
川口　達実	富山県射水市立小杉小学校
間嶋　祐樹	秋田県大館市立桂城小学校
武井　　恒	山梨県立かえで支援学校
川原　雅樹	兵庫県篠山市立味間小学校
近江　利江	東京都世田谷区立山野小学校
本吉　伸行	大阪府摂津市立鳥飼小学校
工藤　俊輔	埼玉県新座市立新堀小学校
南　　達也	富山県高岡市立伏木小学校
増田香代子	栃木県足利市立久野小学校
駒井　隆治	東京都公立小学校元校長
大恵　信昭	香川県教育センター
原田　朋哉	大阪府池田市立秦野小学校
角家　　元	北海道旭川市立西神楽小学校
市島　直子	新潟県五泉市立大蒲原小学校
平山　勇輔	栃木県高根沢町立西小学校
小田原誠一	福岡県北九州市立若松中央小学校
伊藤　篤志	愛媛県今治市立鳥生小学校
細田　公康	埼玉県所沢市立椿峰小学校
加藤　三紘	山梨大学教育学部附属小学校
柏倉　崇志	北海道士別市立士別小学校
広畑　宏樹	静岡県公立小学校
溝端　達也	兵庫県明石市立二見西小学校
飯島　　晃	千葉県柏市立土小学校
布村　岳志	北海道稚内市立稚内港小学校
辻岡　義介	福井県鯖江市立吉川小学校
平田　純也	北海道浜中町立茶内小学校
三好　保雄	山口県宇部市立藤山小学校
野崎　　隆	埼玉県戸田市立笹目小学校
井田　　恵	愛知県公立小学校
井上　　武	愛媛県公立小学校
高橋　久樹	三重県伊勢市立早修小学校
小林　　宏	群馬県太田市立綿打小学校
小松　和重	千葉県佐倉市立和田小学校
松田　裕介	埼玉県公立小学校
掛　　志穂	広島大学附属三原幼稚園
高杉　祐之	北海道恵庭市立和光小学校

毛利　康子	石川県七尾市立中島小学校
前田　哲弥	福井県越前市立北日野小学校
大谷　智士	和歌山県公立小学校
望月　健	山梨県南アルプス市立落合小学校
迫田　一弘	広島県東広島市立入野小学校
行方　幸夫	東京都葛飾区立上平井小学校
梶田　俊彦	岡山県岡山市立芳明小学校
上川　晃	三重県伊勢市立厚生小学校
二瓶　温子	宮城県仙台市立富沢小学校
栗原　悦子	埼玉県所沢市立柳瀬小学校
笹野　達哉	大阪府大阪市都島小学校
前島　康志	静岡県掛川市立西郷小学校
稲嶺　保	沖縄県嘉手納町立嘉手納小学校
東條　正興	千葉県野田市立みずき小学校
中田　秀明	東京都昭島市立つつじが丘小学校
藤崎富実子	高知県公立小学校
三島　麻美	島根県松江市立乃木小学校
冨築　啓子	大阪府八尾市立久宝寺小学校
川端　弘子	兵庫県伊丹市立天神川小学校
佐藤　貴子	愛知県愛西市立西川端小学校
鈴木　恭子	神奈川県公立小学校
奈良部芙由子	静岡県富士宮市立大宮小学校
藤田　明子	北海道公立小学校
山崎　克洋	神奈川県小田原市立三の丸小学校
渡辺　喜男	ＮＰＯ法人　教師と子どもの未来・横浜
廣川　徹	北海道歌志内市立歌志内小学校
表　克昌	富山県氷見市立宮田小学校
永原　正裕	長野県公立小学校
奈良部真由子	静岡県立富士特別支援学校
信藤　明秀	愛媛県宇和島市立玉津小学校
湯泉恵美子	山梨県南アルプス市立大明小学校
太田　健二	宮城県仙台市立沖野東小学校
野田　晴高	新潟県立はなます特別支援学校
石川　圭史	島根県立江津清和養護学校
桑原　和彦	茨城県水戸市立梅が丘小学校

編著者紹介

根本　正雄（ねもと　まさお）

茨城県生まれ。千葉大学教育学部卒業後、千葉県内の小学校教諭・教頭・校長を歴任。向山洋一代表の理念に賛同し、TOSS体育授業研究会の代表を務めるとともに「根本体育」を提唱、月刊『楽しい体育の授業』（明治図書）の編集長。退職後は全国各地の体育研究会・セミナー等で体育指導に力を注いでいる。著書は『誰でもできる！楽しい「根本体育」の真髄』『さか上がりは誰でもできる』（以上明治図書）『世界に通用する伝統文化　体育指導技術』『全員達成！魔法の立ち幅跳び』『向山洋一からの聞き書き・第１集』『運動会企画　アクティブ・ラーニング発想を入れた面白カタログ事典』（以上学芸みらい社）等多数。

小野　隆行（おの　たかゆき）

1972年９月、兵庫県生まれ。香川大学教育学部卒業後、岡山県蒜山教育事務組合立八束小学校に着任、岡山市立南方小学校等を経て、現在、岡山市立西小学校に勤務。
20代で発達障害の子と出会い、自分の指導を根本的に見直す必要に迫られ、そこから、多くのドクター・専門家と共同研究を進め、医学的・脳科学的な裏付けをもとにした指導を行うようになる。現在は、特別支援学級の担任を務める。
著書に「トラブルをドラマに変えてゆく教師の仕事術」シリーズ――『発達障がいの子がいるから素晴らしいクラスができる！』『特別支援教育が変わるもう一歩の詰め』『喧嘩・荒れ　とっておきの学級トラブル対処法』（いずれも学芸みらい社）がある。

発達障害児を救う体育指導
―激変！感覚統合スキル95

2017年12月１日　初版発行
2018年５月15日　第２版発行
2019年10月25日　第３版発行

編著者　根本正雄・小野隆行
発行者　小島直人
発行所　株式会社学芸みらい社
　　　　〒162-0833 東京都新宿区箪笥町31番 箪笥町SKビル
　　　　電話番号 03-5227-1266
　　　　http://www.gakugeimirai.jp/
　　　　E-mail：info@gakugeimirai.jp
印刷所・製本所　藤原印刷株式会社
ブックデザイン　小沼孝至

落丁・乱丁本は弊社宛お送りください。送料弊社負担でお取り替えいたします。

©Masao Nemoto, Takayuki Ono 2017 Printed in Japan
ISBN978-4-908637-56-8 C3037

小学校教師のスキルシェアリング
そしてシステムシェアリング
―初心者からベテランまで―

授業の新法則化シリーズ ＜全28冊＞

企画・総監修／向山洋一 日本教育技術学会会長 TOSS代表

編集・執筆 **TOSS授業の新法則** 編集・執筆委員会

発行：学芸みらい社

　1984年「教育技術の法則化運動」が立ち上がり、日本の教育界に「衝撃」を与えた。そして20年の時が流れ、法則化からTOSSになった。誕生の時に掲げた4つの理念はTOSSになった今でも変わらない。
1. 教育技術はさまざまである。出来るだけ多くの方法を取り上げる。（多様性の原則）
2. 完成された教育技術は存在しない。常に検討・修正の対象とされる。（連続性の原則）
3. 主張は教材・発問・指示・留意点・結果を明示した記録を根拠とする。（実証性の原則）
4. 多くの技術から、自分の学級に適した方法を選択するのは教師自身である。（主体性の原則）

　そして十余年。TOSSは「スキルシェア」のSSに加え、「システムシェア」のSSの教育へ方向を定めた。これまでの蓄積された情報をTOSSの精鋭たちによって、発刊されたのが「新法則化シリーズ」である。
　日々の授業に役立ち、今の時代に求められる教師の仕事の仕方や情報が満載である。ビジュアルにこだわり、読みやすい。一人でも多くの教師の手元に届き、目の前の子ども達が生き生きと学習する授業づくりを期待している。

（日本教育技術学会会長　TOSS代表　向山洋一）

学芸を未来に伝える **学芸みらい社** GAKUGEI MIRAISHA

株式会社 学芸みらい社（担当：横山）
〒162-0833 東京都新宿区箪笥町31 箪笥町SKビル3F
TEL:03-6265-0109（営業直通） FAX:03-5227-1267
http://www.gakugeimirai.jp/
e-mail:info@gakugeimirai.jp

『教室ツーウェイ NEXT』好評既刊

創刊記念1号
A5判 並製：172p
定価：1500円＋税

 アクティブ・ラーニング先取り体験！
〈超有名授業30例〉

■向山氏の有名授業からALのエキスを抽出する　有田和正氏の有名授業からALの要素を取り出す　■野口芳宏氏の有名授業からALの要素を取り出す　■ここにスポット！ALの指導手順を整理する　■最初の一歩　かんたんAL導入・初期マニュアル　■授業のヒント大公開。今まででで一番ALだった私の授業

ミニ特集＝発達障がい児　アクティブ・ラーニング指導の準備ポイント

創刊2号
A5判 並製：172p
定価：1500円＋税

 "非認知能力"で激変！
子どもの学習態度50例！

■非認知能力をめぐる耳寄り新情報　■非認知能力を育てる指導場面→「しつけ10原則」　■リアル向山学級→非認知能力をどう育てているか　■非認知能力に問題のある子への対応ヒント　■特別支援教育と非認知能力の接点　■すぐ使える非認知能力のエピソード具体例　■非認知能力を学ぶ書籍ベスト10

ミニ特集＝いじめ――世界で動き出した新対応

3号
A5判 並製：164p
定価：1500円＋税

 新指導要領のキーワード100
〈重要用語で知る＝現場はこう変わる〉

改訂の柱は「学ぶ側に立った指導要領」（元ミスター文部省の寺脇先生）。具体的には――子供にどんな見方・考え方を育てるか／授業で目指す資質・能力とは何か――となる。
教科領域ごとの改訂ポイントを詳述し、「学習困難さ状況」に対応した、役に立つ現場開発スキルを満載紹介。

ミニ特集＝いじめディープ・ラーニング

4号
A5判 並製：172p
定価：1500円＋税

 "合理的配慮"ある年間プラン＆教室レイアウト63例
〈子どもも保護者も納得！快適な教室設計のトリセツ〉

新指導要領「子どもの学習困難さごとの指導」への対応で、教室の"ここ"が"こう"変わる！　■配慮が必要な子を見逃さない　■ないと困る支援・教材／あると役に立つ支援・教具　■今、話題の教育実践に見る合理的配慮 etc.――合理的配慮ある年間プランを立てるヒント満載！

ミニ特集＝アクティブ型学力の計測と新テスト開発の動向

学芸みらい社　既刊のご案内〈教科・学校・学級シリーズ〉

※価格はすべて本体価格（税別）です。

書　名	著者・編者・監修者ほか	価　格
学級づくり／学力づくり		
中学校を「荒れ」から立て直す！	長谷川博之	2,000円
生徒に『私はできる！』と思わせる超・積極的指導法	長谷川博之	2,000円
中学の学級開き──黄金のスタートを切る3日間の準備ネタ	長谷川博之	2,000円
"黄金の1週間"でつくる学級システム化小辞典	甲本卓司	2,000円
若手教師のための主任マニュアル	渡辺喜男・TOSS横浜	2,000円
小学校発ふるさと再生プロジェクト──子ども観光大使の育て方	松崎 力	1,800円
アクティブな授業をつくる新しい知的生産技術	太田政男・向山洋一・谷　和樹	2,000円
教師修業──フレッシュ先生のための「はじめて事典」	向山洋一・木村重夫	2,000円
まんがで知る授業の法則	向山洋一・前田康裕	1,800円
めっちゃ楽しい校内研修──模擬授業で手に入る"黄金の指導力"	谷　和樹・岩切洋一・やばた教育研究会	2,000円
みるみる子どもが変化する『プロ教師が使いこなす指導技術』	谷　和樹	2,000円
教員採用試験パーフェクトガイド「合格への道」	岸上隆文・三浦一心	1,800円
教員採用試験パーフェクトガイド 面接編 DVD付	岸上隆文・三浦一心	2,200円
そこが知りたい！"若い教師の悩み"向山が答えるQA集1──授業づくり"よくある失敗"175例〜勉強好きにする改善ヒント〜	星野裕二・向山洋一	2,000円
そこが知りたい！"若い教師の悩み"向山が答えるQA集2──学級づくり"よくある失敗"113例〜勉強好きにする改善ヒント〜	星野裕二・向山洋一	2,100円
特別支援教育		
ドクターと教室をつなぐ医教連携の効果　第1巻──医師と教師が発達障害の子どもたちを変化させた	宮尾益知・向山洋一・谷　和樹	2,000円
ドクターと教室をつなぐ医教連携の効果　第2巻──医師と教師が発達障害の子どもたちを変化させた	宮尾益知・向山洋一・谷　和樹	2,000円
ドクターと教室をつなぐ医教連携の効果　第3巻──発達障害の子どもたちを支える医教連携の「チーム学校」「症例別」実践指導	宮尾益知・向山洋一・谷　和樹	2,000円
トラブルをドラマに変えてゆく教師の仕事術──発達障がいの子がいるから素晴らしいクラスができる！	小野隆行	2,000円
トラブルをドラマに変えてゆく教師の仕事術──特別支援教育が変わるもう一歩の詰め	小野隆行	2,000円
トラブルをドラマに変えてゆく教師の仕事術──喧嘩・荒れ とっておきの学級トラブル対処法	小野隆行	2,000円
特別支援の必要な子に役立つかんたん教材づくり㉙	武井 恒	2,300円
国語		
国語有名物語教材の教材研究と研究授業の組み立て方〔低・中学年／詩文編〕	向山洋一・平松孝治郎	2,000円
国語有名物語教材の教材研究と研究授業の組み立て方	向山洋一・平松孝治郎	2,000円
国語テストの"答え方"指導──基本パターン学習で成績UP	遠藤真理子・向山洋一	2,000円
子どもが論理的に考える！──"楽しい国語"授業の法則	向山洋一	2,000円
先生も生徒も驚く日本の「伝統・文化」再発見	松藤 司	2,000円
先生も生徒も驚く日本の「伝統・文化」再発見2 行事と祭りに託した日本人の願い	松藤 司	2,000円
先生と子どもたちの学校俳句歳時記	星野高士・仁平　勝・石田郷子	2,500円